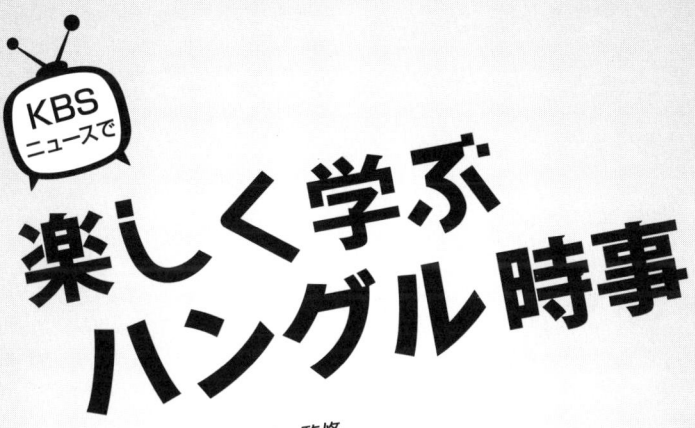

浜之上幸　監修
姜英淑・金賢信・孟信美・印省熙・秋賢淑・林史樹　著

白帝社

監修者のことば

　前回までお届けした『楽しく学ぶハングル1』が、大学におけるいわゆる第二外国語の1年目の入門教材であり、『楽しく学ぶハングル2』が2年目の中級レベルの教材として作られたのに続いて、今回お届けする『楽しく学ぶハングル時事』は、3年目の中上級教材として作られたものである。

　"時事"という名に恥じないように、本書では18のセクションを設け、政治、社会、文化、スポーツ、芸能など幅広い分野の時事的な文章を学ぶようになっている。それらの文章に出てくる単語・表現としては、例えば、「PM2.5」、「ミネラルウォーター」、「オウンゴール」、「ネチズン」、「お笑いタレント」に当たる韓国語など、韓日辞書の見出し語としては登録されていないものが数多くあり、まさに、"生きた言葉"のオンパレードといった感を受ける。これらの言葉を含んだ文章を読むことで、韓国の"今"を感じることができるであろう。

　また、分析的形式(analytic form)、つまり、-기로 하다、-고 보니까といった2単語以上から成り立つ文法的表現に関して、その意味とともに例文を示していることも注目される。韓国語の特徴の一つとして、この分析的形式の豊富さがあげられるが、韓国語の表現力を向上させていくには、この分析的形式をできるだけ多く獲得する必要がある。本書は、上級レベルにおいて知っておくべき程度の分析的形式を数多く提示しており、韓国語の読解力向上に資するところが大である。

　さらには、本文に用いられた文章が、韓国のKBS(韓国放送公社)のニュースが元になっていることも貴重である。本文の音源CDのみならず、元の記事の一部については提示したURLでKBSサイトに入っていけば、アナウンサーによる韓国語の標準発音を聴くこともできる。このことにより、本書は単なる"読解"のテキストであるばかりでなく、"聴解"のテキストの性格もあわせ持つことになった。

　以上述べた特徴により、本書をマスターすれば、韓国語の時事的な文章を読み、理解するにあたってさして困ることはなかろうと思われる。

　『楽しく学ぶハングル1・2』に続いて、学生諸君が本書によって"つまらなく学ぶ"のでも"ただ楽しむだけ"でもなく、"楽しく学ぶ"ことを実践されることを望んでやまない。

2015年 3月

浜之上　幸

はじめに

　『KBSニュースで楽しく学ぶハングル時事』(以下、楽ハン時事)は、韓国語中上級レベルの学習者、たとえば『楽しく学ぶハングル2』(以下、楽ハン2)レベルの既習者を対象とした韓国語テキストです。

　最大の特徴は、時事問題を理解する力をつけるため、韓国の放送局KBSのニュースを素材とし、ニュース内に飛び交う時事的な単語を数多く収集したことです。せっかく身につけた韓国語を活かすには何度も渡韓するのが一番よいのでしょうが、状況が許さない方も多いでしょう。そこで次に有効な手段として、韓国のニュースに目を向けることがあげられます。韓国特有のニュースもあれば、日韓で似通った問題を扱ったニュースもあります。これらの記事を読み解くことで、同時代的に共通の問題にも、関心を向けていただければと思います。そのことはきっと、次回の訪韓で再会する友人との対話の中身を深めてくれるはずです。

　『楽ハン時事』では、時事を知るためのトピックとして18項目をあげました。政治、教育・学校、北朝鮮、IT・ゲーム、環境、観光、健康・福祉、経済、衣食住、外交・国際、スポーツ、多文化、文化・芸術、社会問題、若者、天気・災害、歴史、芸能です。ただ、これらは明確な区分というよりも目安にすぎません。記事によっては複数のトピックが重なります。また、学習者によっては不得意な分野もあるでしょう。でも、これらのトピックは現代韓国を知るには欠かせないものです。ぜひ、これらを通じて現代韓国に触れていただければと思います。

　すでに初中級を終えた方は、韓国について多くの知識をもっていると思いますが、現代韓国で何が起こり、何が問題となっているのかを知っている方はどれほどいるでしょう。インターネットや各種メディアを通じてニュースソースは入手できても、消化するにはなかなか困難なように思います。まず、個人で専門用語を1つ1つ調べるのは大変ですし、単語だけがわかっても社会事情がわからないと理解できない事柄も多いでしょう。

　韓国には'우물을 파도 한 우물을 파라'(井戸を掘るのも1ヵ所を掘れ)という諺

があります。本書を手にされた方は韓国語学習をある程度続けてきた方でしょう。好きで始めた韓国語でしょうから、せっかくならずっと深めていただきたいと思います。多少の難しさを感じても、あきらめずに「掘り続けて」ください。

　最後に、多くのサポートをしてくれた神田外語大学ならびに、快く記事を提供してくれたKBSメディア担当者の愼知善さん、そして何よりも、これまで楽ハンの企画をずっとサポートくださった白帝社の伊佐順子さんに心より感謝をいたします。ニュースに鮮度はありますが、選定にあたっては韓国社会に影響力が続いてきた、あるいはこれからも続くであろう単語群や内容を扱いました。'십 년이면 강산도 변한다'(10年経てば、山河も変わる)とはいうものの、10年以上、使用できるテキストを目指しました。本書を手に、単語や表現を拡充し、信頼あるニュースを通じて隣国の過去・現在・未来を発見していきましょう。

著者一同

目　次

監修者のことば
はじめに
本書について
勉強を始める前に

SECTION 1－政治
여야, 쟁점 현안 일괄 타결 놓고 막판 협상 중 ································ 12
새 정부 5대 국정 목표·21개 국정 과제 발표 ································ 14

SECTION 2－教育・学校
'입시 때문?' 고교생 체력·정신력 바닥 ································ 20
자유학기제 시범 실시―어떻게 운영될까? ································ 22

SECTION 3－北朝鮮
유엔 안보리, 북한 인권 첫 논의 ································ 28
북한 이산가족 상봉 행사 연기 일방 선언 ································ 30

SECTION 4－IT・ゲーム
'스마트 카'로 경쟁―미래 차 개발 한국 ································ 36
'게임중독법' 발의―반발 확산, 쟁점은? ································ 38

SECTION 5－環境
최첨단 건물들, 에너지 제로에 도전! ································ 44
한반도 덮친 미세 먼지 건강 피해 우려 '심각' ································ 46

SECTION 6－観光
얼음에서 건지는 손맛 '평창 송어 축제' ································ 52
설악산 단풍 시작―다음 달 중순쯤 '절정' ································ 54

SECTION 7－健康・福祉
출산율 뚝, 인구 정책 빨간불 ································ 60
약방엔 감초, 주방엔 양파? ································ 62

SECTION 8－経済
경제 강조 ································ 68
올해 신흥국 통화 대부분 약세 ································ 70

4

SECTION 9-衣食住
- 개성 톡톡! 이색 김밥 총출동 ······ 76
- 편의점 1인 가구 상품 약진 ······ 78

SECTION 10-外交・国際
- 이례적 2시간 회담 ······ 84
- 북한에 '이색 말투' 확산 ······ 86

SECTION 11-スポーツ
- 한국 축구 '골 결정력' 부족 ······ 92
- '대관령 눈꽃 축제' 개막 ······ 94

SECTION 12-多文化
- 10살 '아키'에게 한국은? ······ 100
- 2040년 한국 사회, 이민 정책 따라 명암 뚜렷 ······ 102

SECTION 13-文化・芸術
- '김장 문화'는 인류 무형 유산 ······ 108
- 전쟁 중에도 아리랑은 ······ 110

SECTION 14-社会問題
- 악성 루머 철저히 추적해야 ······ 116
- 내신・수능 점수도 보고―軍 입대 '좁은 문' ······ 118

SECTION 15-若者
- 엉짱에 말벅지까지―신체 신조어 '홍수' ······ 124
- 한국 달력은 연인 기념일로 가득 차 ······ 126

SECTION 16-天気・災害
- 日 후쿠시마 해역 규모 7.1 강진―태풍까지 ······ 132
- 폭염 특보 중부 지방으로 확대―곳곳 소나기 ······ 134

SECTION 17-歴史
- 중국, '백두산 채화'…뭘 노리나 ······ 140
- 박 대통령 "동북아 공동 역사 교과서 발간하자" ······ 142

SECTION 18-芸能
- 아빠・군대・할배, 예능 대세 ······ 148
- "우리는 잉여인간" 렌즈에 담긴 청년들의 아픔 ······ 150

記事出典 … 156   単語リスト … 158

＋αの項目

SECTION 1
- 語幹①-자고 ⟨…しようと⟩
- 連体形 반면 ⟨…反面/…一方⟩
- 한다体-며 ⟨…するとして⟩
- 語幹③(-서) ⟨…して⟩
- 語幹①-기로 하다 ⟨…することにする⟩
- 体言-(이)라는 ⟨…という⟩
- 語幹①-거나 ⟨…したり⟩

SECTION 2
- 語幹②-ㄹ수록 ⟨…するほど⟩
- 連体形 모양이다 ⟨…のようだ⟩
- 한다体-는 ⟨…という⟩
- 体言-야/-이야 ⟨…だ(よ)⟩
- 語幹①-기 일쑤다 ⟨…しがちだ⟩
- 語幹②-ㄹ 텐데 ⟨…するだろうに/…するはずだが⟩
- 語幹③ 보니까 ⟨…してみると⟩
- 語幹②-며 ⟨…して/…ながら⟩

SECTION 3
- 体言-(으)로부터 ⟨…から⟩
- 한다体-는 식으로 ⟨…というように/…という風に⟩
- 한다体-는 것이다 ⟨…ということである⟩

SECTION 4
- 語幹①-자 ⟨…すると⟩
- 体言-(이)라(서) ⟨…なので⟩
- 語幹②-라고 ⟨…しなさいと⟩
- 語幹①-도록 ⟨…するように⟩
- 体言-(이)므로 ⟨…であるので⟩

SECTION 5
- 体言-뿐(만) 아니라 ⟨…だけでなく/…のみならず⟩

SECTION 6
- 語幹②-려고 ⟨…しようと⟩
- 語幹②-ㄹ 것으로 ⟨…するだろうと/…するものと⟩
- 語幹②-ㄹ 전망이다 ⟨…する見込みだ⟩

SECTION 7
- 体言-하면 ⟨…というと/…とすると⟩
- 한다体-든지 ⟨…とか⟩
- 語幹③-ㅆ더니 ⟨…したところ/…したら⟩

SECTION 8
- 語幹②-려면 ⟨…する(ため)には⟩
- 語幹①-다(가) 보니(까) ⟨…していたら/…したところ⟩
- 語幹③ 달라 ⟨…してくれ⟩
- 体言-에 따르면 ⟨…によれば⟩
- 体言-에 반해 ⟨…に反して⟩

SECTION 9
- 語幹①-기로 ⟨…ことで⟩
- 体言-에다(가) ⟨…にさらに⟩
- 語幹②-니(까) ⟨…すると⟩

SECTION 10
- 体言-와/-과 같이 ⟨…のように/…みたいに⟩
- 語幹①-기도 하다 ⟨…しもする⟩
- (動・存)語幹①-는가 하면 /

[形・指]語幹②-ㄴ가 하면 〈…するかと思えば〉
[体言]-(에) 따른 〈…に伴う/…による〉

SECTION 11
[連体形] 줄 알다 〈…とばかり思う〉
[語幹①]-고 보니(까) 〈…してみたら〉
[語幹③]-ㅆ더라면 〈…したならば/…していたら〉
[語幹②]-ㄹ 뻔했다 〈…するところだった/…しそうだった〉
[語幹①]-기만 해도 〈…するだけでも〉
[体言]-를/-을 비롯해(서) 〈…をはじめ〉

SECTION 12
[語幹②]-ㄹ 수밖에 없다 〈…するしかない〉
[連体形] 듯하다 〈…のようだ/…そうだ〉
[한다体]-고 해도 과언이 아니다 〈…するといっても過言ではない〉
[体言]-(으)로 인해 〈…によって〉
[体言]-에 의한 〈…による〉

SECTION 13
[語幹②]-ㅁ 〈…すること〉
[連体形] 셈이다 〈…するわけだ/…するようなものだ〉
[連体形] 만큼 〈…だけに/…ほど〉

SECTION 14
[語幹③]-야 〈…しなければ〜ない/…してこそ〉

[語幹②]-ㄹ 만하다 〈…するに値する〉
[語幹②]-나 〈…が〉

SECTION 15
[体言]-(이)라지만 〈…というが〉
[体言] 말고도 〈…ではなくとも/…以外にも〉

SECTION 16
[語幹①]-는 바람에 〈…することで/…するせいで〉
[連体形] 탓으로 〈…するせいで〉

SECTION 17
[語幹①]-나 〈…か/…だろうか〉
[語幹②]-려는 〈…しようという/…しようとする〉
[連体形] 게/것이 아니냐는 〈…のではないのかという〉
[語幹②]-ㅁ으로써 〈…することでもって/…することで〉
[語幹①]-고자 하다 〈…しようとする〉

SECTION 18
[語幹①]-다시피 〈ほぼ…するように〉
[体言]-(이)라(고) 〈…だと〉

本書について

① 本書では18トピックをセクションと呼び、1つのセクションに各2編(**Part1/Part2**)の記事を載せると同時に、各**Part**内のいくつか語句を**Reference**として紹介しました。さらに、「楽ハン」シリーズを基準に文法的な表現についてはセクションごとに＋αとして紹介し、各セクションの理解を助けるミニ知識や記事の背景としての**News Background**を添えました。そのほか、各課の理解を定着・発展させる練習問題としての**Power up**、そして各セクションに関連する語彙を紹介した**News Vocabulary**もあります。著者間の話し合いの中、必ずしも「時事」に特化したわけではありませんが、ここにでてくる単語だけでも相当な量になるため、チェックすることでニュースを読むのに大きな力となるでしょう。ところどころに**Mini Quiz**(すべて著者撮影)を盛り込みましたので、息抜きとして楽しんでください。

② 記号についてですが、各**Part**内の下線は＋αで扱うものです。語句に関しては、日本語と異なる漢字語は［　］内に日本式の漢字で補足し、日本語と同じ漢字語はそのままにしました。コロン(:)以下の日本語訳は、あくまでも参考程度に最小限に留めています。単語の訳語は一般的な意味、あるいは参照となるものを前に、本文での使用に近いものを後にしました。補足は(　)内に付しました。

③ 記事は2013年のものを中心としながらも、テーマによっては少しさかのぼった記事を加えました。ニュースの新しさを重視すると同時に、内容面も重視した結果です。また記事やタイトルは、KBS側との協議の過程でテキスト用に一部加工した箇所もあります。原文については巻末に載せたURLで確認ください。

④ 記事の訳例と**Power Up**や**MiniQuiz**の解答は別冊にあります。

⑤ **Reference**の日本語訳や別冊の訳例について、記者個人の比喩的表現や使いまわしなども、原文を損なわない程度に、できるだけ自然な日本語文章や日本語訳に置き換えました。そのため、**Reference**の対訳や巻末の単語リストだけをとりだして、一対一の単語帳的な使い方をするのはお勧めできません。訳出の可能性やヒントとして活用ください。

勉強を始める前に

本書では、活用について次のような表記を用いています。

用言の活用形

韓国語の用言語幹の活用形は3種類で、それらを本書では語幹①、語幹②、語幹③と表記します。

語幹①：基本形から「다」を除いたかたち
語幹②：母音語幹は基本形から「다」を除いたかたち
　　　　子音語幹は基本形から「다」を除き、「으」をつけたかたち
語幹③：基本形から「다」を除き、語幹最後の母音が「ㅏ、ㅗ、ㅑ」のときは語幹①に「아」をつけ、語幹最後後の母音が「ㅏ、ㅗ、ㅑ以外」のときは語幹①に「어」をつけたかたち

	母音語幹		子音語幹	
基本形	보다(見る)	주다(与える)	잡다(つかむ)	먹다(食べる)
語幹①	보	주	잡	먹
語幹②	보	주	잡으	먹으
語幹③	보아(봐)	주어(줘)	잡아	먹어

한다体〈…だ/…する〉

한다体は主に書きことばとして用いられます。これは動詞、形容詞、存在詞、指定詞によってつくり方が異なります。ただし、用言の種類に関係なく、過去形は語幹③-ㅆ다、-겠-は語幹①-겠다になります。

用言の種類	한다体	
動詞	母音語幹 ㄹ語幹	語幹②-ㄴ다
	子音語幹	語幹①-는다
形容詞	語幹①-다	
存在詞		
指定詞	体言-이다	

KBSニュースで
楽しく学ぶハングル時事

SECTION 1　政治

PART1　여야, 쟁점 현안 일괄 타결 놓고 막판 협상 중

여야가 예산안과 국정원 개혁 법안 등 쟁점 현안을 놓고 일괄 타결을 시도하고 있습니다. 여당과 야당 원내 지도부는 국회에서 수시로 접촉하면서 국정원 개혁 법안 등 쟁점안에 대한 막판 조율을 벌이고 있습니다. 야당은 국정원 정보관의 권한을 법으로 명시하자고 주장하는 반면, 여당은 정보 기관 활동을 위축시킬 수 있다며 반대하는 것으로 전해지고 있습니다.

여야는 이에 앞서 새해 예산안의 주요 항목, 소득세 최고 세율 과표 기준을 낮추는 세법 개정안 등에 대해 의견 접근을 이뤘습니다. 이에 따라 여야가 국정원 개혁 법안에 합의하면 일괄 타결이 가능할 것으로 보입니다. 그러나 합의안을 도출하지 못하면 예산안 처리가 미뤄지면서 준예산 편성 사태로 이어질 가능성도 있습니다.

또 사이버심리전단의 불법 행위에 대한 처벌 규정도 관련 법에 명시하기로 했습니다. 여야 양당은 각각 의원 총회를 열어 이 같은 방안을 추인하고, 곧바로 국정원 개혁특위 전체 회의를 열어 개혁안을 처리할 예정입니다.

SECTION 1　政治

 Reference

여야[与野] : 与野党　　　　　　　　일괄 타결 : 一括妥結

막판 : 土壇場/最後

　☞ 막판 조율[調律]을 벌이다 : 詰めの調整を行う

예산안 : 予算案

국정원[国情院] : 国家情報院(国家情報機関のこと)

시도하다[試図−] : 試みる　　　　원내[院内] : 議院内

수시로[随時−] : 随時/頻繁に　　　정보관 : 情報官

위축시키다 : 萎縮させる　　　　　이에 앞서 : これに先立って

과표 기준[課標基準] : 課税標準　　세법 개정안 : 税法改正案

의견 접근[意見接近]을 이루다 : 歩みよりを得る

이에 따라 : これによって

[連体形] 것으로 보이다 : …であるものと思われる

도출하다[導出−] : 導きだす/引きだす

예산안 처리[予算案処理] : 予算案決議

[体言] −가/−이 미뤄지다 : …が先送りになる/…が先延ばしになる

준예산[準予算] : 暫定予算

[体言] −(으)로 이어지다 : …につながる/…を引き起こす

사이버심리전단[−心理戦団] : サイバー心理戦チーム

불법 행위[不法行為] : 違法行為　　의원 총회 : 議員総会

방안[方案] : 方法/方策　　　　　　추인하다 : 追認する

곧바로 : 直ちに

개혁특위[改革特委] : 改革特別委員会

PART2 새 정부 5대 국정 목표·21개 국정 과제 발표

　박근혜 대통령 당선인의 대통령직 인수위원회는 기자 회견을 통해 오늘 발표될 국정 과제는 '희망의 새 시대'라는 국정 비전 아래 5대 국정 목표와 20대 국정 전략, 140개 국정 과제로 이뤄진 것으로 밝혔습니다.

　5대 국정 목표는 일자리 중심의 창조경제, 국민 맞춤형 복지, 안전과 통합의 사회, 한반도 안보와 평화를 위한 통일 시대 기반 구축, 창의 교육 문화 국가로 정해진 것으로 전해졌습니다. 또 경제와 복지, 교육 문화, 사회, 외교 안보 등 5개 분야로 나눠 설정된 국정 목표 아래에 20대 국정 전략도 배치했습니다.

　국정 과제에는 북한 핵 실험에 대비한 국방비 증액과 정보 통신 기술 산업의 융복합, 사회적 일자리 늘리기, 농수축산물 유통 구조 합리화, 공공 기관 부채 절감, 국민행복기금 조성, 유치원─어린이집 통합 등이 제시될 것으로 알려졌습니다.

　반면 기초 노령 연금과 장애인 연금을 합쳐 국민연금과 통합 운영하게 될 기초 연금과 4대 중증 질환 진료비 전액 국가 부담, 노인 임플란트 진료비 경감 등의 복지 공약은 재원 마련이 쉽지 않을 것이라는 전망이 나오고 있어 규모를 줄이거나 이행 방안과 시기를 조정하는 방안 등이 제시될지 주목됩니다. 인수위는 대선 공약 210개의 실행 우선 순위를 정한 세부 이행 계획도 발표할 예정입니다.

SECTION 1 　政治

 Reference

새 : 新しい/新　　　　　　　　　국정 : 国政

박근혜 : 朴槿恵(パク・クネ)

대통령 당선인[大統領当選人] : 次期大統領

인수위원회(인수위)[引受委員会(引受委)] : 引き継ぎ委員会

비전 : ビジョン　　　　　　　　일자리 : 働き口/雇用

창조경제 : 創造経済(創意力を経済の核とし、新しい付加価値・雇用・成長動力を生み出す
　経済戦略)

맞춤형 복지[－型福祉] : 個別対応型の福祉

한반도[韓半島] : 朝鮮半島　　　창의 교육 : 創意教育

북한[北韓] : 北朝鮮　　　　　　국방비 : 国防費

증액 : 増額　　　　　　　　　　융복합[融複合] : 融合

농수축산물 : 農水畜産物　　　　공공 기관 : 公共機関/公的機関

부채 : 負債　　　　　　　　　　절감[節減] : 削減

조성 : 造成　　　　　　　　　　어린이집 : 保育所

기초 노령 연금[基礎老齢年金] : 老齢基礎年金

장애인[障碍人] : 障害者　　　　중증 질환 : 重症疾患

진료비 : 診療費/医療費　　　　임플란트 : インプラント

경감 : 軽減　　　　　　　　　　재원 : 財源

마련 : 準備/確保　　　　　　　이행 : 履行

조정하다 : 調整する　　　　　　대선[大選] : 大統領選挙

공약 : 公約　　　　　　　　　　우선 순위 : 優先順位

15

+α

語幹① -자고 〈…しようと〉

　　例 대통령 지지자들은 새로운 행정 도시를 만들자고 제안했다.
　　　大統領の支持者たちは新しい行政都市を創ろうと提案した。

連体形 반면 〈…反面/…一方〉

　　例 자동차세가 감세된 반면 기름값은 올랐다.
　　　自動車税が減税された反面、ガソリン代は上がった。

한다体 -며 〈…するとして〉

　　例 정부는 올해 안으로 미국과 FTA 합의를 보겠다며 협의 중이다.
　　　政府は今年中にアメリカとFTA合意にこぎつけるとして協議中だ。

語幹③ (-서) 〈…して〉

　　例 장학금 제도를 마련해 학생들의 부담을 덜어 주었다.
　　　奨学金制度を設けて学生の負担を軽減した。

語幹① -기로 하다 〈…することにする〉

　　例 그는 국방부 장관을 사퇴하기로 했다.
　　　彼は国防部長官を辞任することにした。

体言 -(이)라는 〈…という〉

　　例 엔진은 자동차 회사의 상징이라는 보도에 공감한다.
　　　エンジンは自動車会社の象徴という報道に共感する。

語幹① -거나 〈…したり〉

　　例 휴일에는 보통 운동을 하거나 친구를 만난다.
　　　休日にはよく運動をしたり友達に会ったりする。

News Background

韓国の政治体制

　韓国は、大韓民国憲法に基づく法治国家で、今日に至るまで第一憲法、第二憲法と憲法改正がなされるのに合わせ、政治体制も第一共和国、第二共和国と呼ばれ、1988年から第六共和国となった。

　三権分立に則っているが、そのうち行政は直接選挙制で選ばれた大統領が統率する。大統領の任期は5年である。大統領は首相に相当する国務総理(국무총리)を任命するとともに、閣議に相当する国務会議(국무 회의)の議長を務める。

　立法は、国会で行う。国会は一院制で、国会議員は300議席、任期は4年、被選挙権は25歳以上(選挙権は19歳以上)の国民である。複数の政党があるが、2014年3月から与党のセヌリ党と野党の新政治民主連合の二大政党によって動いている。

　司法は、日本の最高裁判所に相当する大法院を頂点に、日本と同じ三審制をとっている。

　行政機関は日本の省庁に相当する部・処・庁と独立委員会からなる。主な部には日本の法務省や外務省に相当する法務部や外交通商部をはじめ、国防部、統一部、文化体育観光部、女性家族部、企画財政部、処には食品医薬品安全処、庁には国税庁、文化財庁、兵務庁などがある。

　韓国の政治には、地域性が色濃く反映されることもあり、ときに南西部の全羅道地域と南東部の慶尚道地域では支持者の投票に偏りがみられる。

Power Up

1. 次のうち、金大中元大統領を指す略称はどれでしょう。
   ① MB   ② DJ   ③ JP   ④ YS

2. 下のリストから適切な表現を選び、文を完成させましょう。
   ① 전경(戰警)은 전투 경찰(　　　　　　) 뜻이다.
   ② DNA 감정 결과 범인과 피의자의 DNA는 불일치했다.
      (　　　　　　　) 피의자는 석방됐다.
   ③ 예산 부족으로 정책 시행이 (　　　　　　).

   > 로 이어지다, 이에 따라, 이라는, 미뤄지고 있다, 이에 앞서

3. 日本語文の下線部に合わせ、韓国語文を完成させましょう。
   ① 友人がヨーロッパ旅行に行こうというので、一緒に行くことにした。
      친구가 유럽 여행을 (　　　　　)해서 같이 (　　　　　　　).
   ② 先の総選挙では支持者が少なかった反面、今回の総選挙では圧倒的な支持を得ている。
      지난 총선 때에는 지지자가 (　　　　　　　), 이번 총선에서는 압도적인 지지를 모으고 있다.

4. 以下の時事単語について、その社会背景も含めて調べてみましょう。
   ① 세종시[世宗市]
   ② 종북좌파[從北左派]

SECTION 1　政治

News Vocabulary

총선[総選] : 総選挙　　　　　　　칸막이 행정[-行政] : 縦割り行政

캠프 : キャンプ/陣営　　　　　　구호[口号] : スローガン

정책 행보[政策行歩] : 選挙行脚/遊説

뇌물[賂物] : 賄賂　　　　　　　비자금[秘資金] : 裏金

뒷거래[-去来] : 裏取引

정경 유착[政経癒着] : 政治と企業の癒着

추가 경정 예산(추경)[追加更正予算(追更)] : 補正予算

국감[国監] : 行政監査/国政監査

국민참여재판[国民参与裁判] : 裁判員制度

대법원장[大法院長] : 最高裁判所長官

대법관[大法官] : 最高裁判所裁判官

지법[地法] : 地方裁判所/地裁　　고법[高法] : 高等裁判所/高裁

재판부[裁判部] : 裁判所　　　　흑색선전[黒色宣伝] : 誹謗中傷

집행 유예 : 執行猶予　　　　　　불구속 기소[不拘束起訴] : 在宅起訴

특검[特検] : 影で糸を引く権力者/黒幕

청문회 : 聴聞会

비선 실세[秘線実勢] : 影で糸を引く権力者/黒幕

정치권[政治圏] : 政界　　　　　여권[与圏] : 与党

야권[野圏] : 野党　　　　　　　청와대 : 青瓦台/韓国大統領府

탄핵 심판[弾劾審判] : 弾劾裁判

19

SECTION2　教育・学校

PART1　'입시 때문?' 고교생 체력·정신력 바닥

　학년이 올라갈수록 몸도 마음도 자라나는 게 정상인데 우리 청소년들은 꼭 그렇지만도 않은 모양입니다. 고등학생들의 체력과 정신력이 중학생보다 못하다는 연구 결과가 나왔습니다.

　"경주야 일어나야 돼. 학교 갈 시간이야." 이른 아침부터 한바탕 실랑이가 벌어집니다. 올해 고등학생이 된 강경주 양. 짜증이 많아지고 잠도 부쩍 늘었습니다. 아침밥도 거르기 일쑵니다.

　강경주 양의 말을 들어 봅니다.

　"책상을 거의 못 벗어나죠. 어차피 학교 갔다 와도 학원에 가야 되고, 학원 갔다 오면 집에 가서 씻고 자고 매일 이래야 되니까……."

　한국교육개발원 조사 결과 고등학생들의 학습 지수는 높았지만, 신체와 정신 지수 모두 중학생보다 낮았습니다. 체력과 영양 상태는 물론, 체격 면에서도 중학생보다 못하고, 정신 건강과 자율성, 긍정적 자아관도 고등학생이 되면 오히려 떨어지는 것으로 나타났습니다.

SECTION 2 　教育・学校

 Reference

바닥 : 床/底

꼭 그렇지만도 않다 : 必ずしもそうでもない

못하다 : 及ばない/劣る　　　　　　강경주(경주) : カン・キョンジュ(人名)

이르다 : 早い　　　　　　　　　　한바탕 : ひとしきり

벌어지다 : 起こる/展開する

　☞ 실랑이가 벌어지다 : 言い争いが起こる

올해 : 今年　　　　　　　　　　　양[嬢] : さん/ちゃん

짜증 : いらだち

　☞ 짜증이 많아지다 : イライラしがちだ

부쩍 : うんと/ぐんと　　　　　　거르다 : 欠かす/抜かす

벗어나다 : 抜け出す/離れる　　　어차피[於此彼] : どうせ

한국교육개발원 : 韓国教育開発院　학습 : 学習

지수 : 指数/数値　　　　　　　　정신 : 精神/メンタル

낮다 : 低い　　　　　　　　　　　자율성[自律性] : 自主性

긍정적 : 肯定的

자아관[自我観] : 自己イメージ/セルフイメージ

오히려 : かえって/むしろ

21

PART2   자유학기제 시범 실시—어떻게 운영될까?

정부가 중학교 3년 중 한 학기를 정해 진로 체험하는 자유학기제를 도입해 다음 학기부터 시범 실시합니다. 좀 생소한 개념인 자유학기제, 많은 학부모들의 관심일 텐데 어떤 교육이 이뤄지는 것일까요?

학생들이 F-15 전투기 조종간을 잡아 봅니다. 페달과 조이스틱을 통해 비행기의 방향과 속도를 조절해 보는 비행 시뮬레이션 체험입니다.

박범준(중학교 3학년) : "제 꿈이 원래 파일럿이었는데, 실제로 해 보니까 재미있고, 나중에 진짜 공군이 되고 싶어요."

중학교 학생들은 자유학기제를 통해 이런 생생한 교육 체험을 할 수 있게 됩니다.

당장 다음 학기부터 42개 학교가 시범 실시하게 되는데 국영수 기본 교과 수업도 병행하며, 생생한 실험, 과제 수행 등 학생들이 쉽게 접하지 못했던 수업 방식이 이뤄지는 게 핵심입니다. 학생들이 요구하는 분야를 자유학기제 프로그램에 넣는 것도 또 하나의 특징입니다. 자유학기제는 2016년 모든 중학교로 확대됩니다.

SECTION 2　教育・学校

 Reference

자유학기제 : 自由学期制
생소하다[生疎-] : 不慣れだ/耳慣れない
이뤄지다 : 成される
페달 : ペダル
조절하다 : 調節する
박범준 : パク・ポムジュン(人名)
실제로 : 実際に
공군 : 空軍
당장[当場] : 今すぐ/当座の
국영수[国英数] : 国語・英語・数学/英国数
기본 교과[基本教科] : 基礎教科
과제 수행 : 課題遂行
접하다 : 接する
핵심 : 核心
모든 : すべての

시범[示範] : モデル
학부모[学父母] : (生徒の)保護者
조종간 : 操縦桿
조이스틱 : ジョイスティック
시뮬레이션 : シミュレーション
파일럿 : パイロット
진짜 : 本当に/本物の
생생하다[生生-] : リアルだ

병행하다 : 並行する/併行する
쉽게 : 容易に/簡単に
방식[方式] : 仕方/やり方
넣다 : 入れる/盛り込む

+α

語幹② -ㄹ수록 〈…するほど〉

> 例 수능이 다가올수록 마음만 초조해진다.
> 大学修学能力試験が近づくほど気持ちばかり焦る。

連体形 모양이다 〈…のようだ〉

> 例 요즘 친환경 급식이 느는 모양이다.
> 近頃、環境にやさしい給食が増えているようだ。

한다体 -는(-고 하는の縮約形) 〈…という〉

> 例 대중 교통 수단을 이용하는 편이 낫다는 얘기다.
> 公共の交通手段を利用した方がよいという話だ。

体言 -야/-이야 〈…だ(よ)〉

> 例 내일부터 휴가야./이게 바로 효율적인 학습법이야.
> 明日から休暇だ(よ)。/これがまさに効率的な学習法だ(よ)。

語幹① -기 일쑤다 〈…しがちだ〉

> 例 너무 서두르면 실수하기 일쑤다.
> 急ぎすぎると失敗しがちだ。

語幹② -ㄹ 텐데 〈…するだろうに/…するはずだが〉

> 例 밤새 공부해서 힘들 텐데 좀 쉬었다가 해.
> 徹夜で勉強をして疲れているだろうに、少し休んでからやりなさい。

語幹③ 보니까 〈…してみると〉

> 例 새로운 방법을 써 보니까 효과가 있었다.
> 新しい方法を試してみると効果があった。

語幹② -며 〈…して/…ながら〉

> 例 사건의 진실이 밝혀질 것을 바라며 증거 수집에 전념했다.
> 事件の真実が明らかにされることを願って証拠集めに専念した。

News Background

韓国の受験

　韓国には「入試地獄(입시 지옥)」ということばがある。基本的に初等学校(6年)・中学校(3年)・高校(3年)の入学時には受験がなく、一部の特殊な学校をのぞいて区域によって進学する学校が決められている。ところが、高校生になると、補習授業に参加し、朝から晩まで放課後もずっと学校で勉強し、休日は塾に通う。家に戻らずに勉強をするため、学校には弁当を2つから3つ持っていくことが多い。

　大学の入試制度は大学修学能力試験(以下、修能：수능)と論述など各大学の入学試験からなる。受験生は高校3年の11月頃に修能を受け、その成績によって受験する大学を選び、年明けから各大学の入試に挑む。修能は、日本のセンター試験と似ているが、修能の成績が大学受験の合否を大きく左右するため、修能の日は、国をあげて受験生を応援する。各空港では騒音を気にして飛行機の離発着時刻を調整し、各駅では遅刻しそうになる受験生を会場に送るためにパトカーが待機する姿も例年のようにみられる。各大学の入学試験では面接、高校の内申成績、各大学独自の評価方法で入学者の判定を行う。

　受験生の多くが、ソウルにある一流大学を目指す。学歴社会を信じる社会雰囲気にも煽られるため、小さい頃から大変なストレスを抱えがちである。とくに子供の教育に母親のサポートは欠かせず、子供の塾の送り迎えや、弁当や夜食の準備、受験説明会への参加のため、仕事を辞める人もいる。また、受験が近づくと寺院や教会などで祈祷する人もでてくる。

Power Up

1. 次のうち、生徒個々のレベルに合わせた勉強はどれでしょう。
   ① 집중 강좌   ② 보충 수업   ③ 눈높이 교육   ④ 돌봄 교실

2. 下のリストから適切な表現を選び、文を完成させましょう。
   ① 성별에 따라 재능이 다르다는 주장은 얼핏 보기엔 맞는 것 같지만
      (   ).
   ② 이혼 소송에서는 아이의 양육권을 둘러싸고
      (   ).
   ③ 아들이 사춘기가 되면서 (   ).

   > 이래야 되니까, 실랑이가 벌어지기 일쑤다, 꼭 그렇지만도 않다,
   > 짜증이 많아졌다

3. 日本語文の下線部に合わせ、韓国語文を完成させましょう。
   ① 韓国の20代の大多数は、学歴と学閥がよいほど幸せに暮らすことができると考えていることがわかった。
      대한민국의 20대 대부분은 학력과 학벌이 (   ) 잘살 수 있다고 생각하는 것으로 나타났다.
   ② 来週引っ越さなければならないはずだが、兄はまだ荷造りができていないといっている。
      다음 주에 (   ) 형이 아직 짐을 못 쌌다고 한다.

4. 以下の時事単語について、その社会背景も含めて調べてみましょう。
   ① 수험생 수송 작전 [受験生輸送作戦]
   ② 방과 후 학교 [放課後学校]

SECTION 2　教育・学校

News Vocabulary

수능 한파[修能寒波]: 大学修学能力試験の時期の寒波

왕따: イジメ/仲間外れ　　입시 철[入試-]: 入試シーズン

학구열[学究熱]: 学習熱　　대입 전형[大入銓衡]: 大学入試選考

인성 교육[人性教育]: 人格形成を重視した教育

등하굣길[登下校-]: 通学路　　전학[転学]: 転校

개학식[開学式]: 始業式　　폭행 교사[暴行教師]: 暴力教師

자퇴원[自退願]: 退学届

대안 학교[代案学校]: フリースクール/オルタナティブ・スクール

알림장[-帳]: 連絡帳　　교육감[教育監]: 教育委員長

'관심 군' 어린이[関心群-]: (周囲からの関心や配慮が必要な)要注意児童

평생 학습관[平生学習館]: 生涯学習センター

평생 교육[平生教育]: 生涯教育

공부 생중계[工夫生中継]: 勉強する姿のネットライブ

교육 도우미 로봇[教育-]: 教育支援用につくられたロボット

등록금[登録金]: 授業料　　재수생[再修生]: 浪人生/一浪生

삼수[三修]: 二浪

SECTION3　北朝鮮

PART1　유엔 안보리, 북한 인권 첫 논의

　유엔 안전 보장 이사회는 오늘 뉴욕 유엔 본부에서 비공식 회의를 열고 북한의 반인권 범죄 등을 논의했습니다.

　안보리가 북한의 인권 문제를 논의한 것은 이번이 처음입니다. 오늘 회의에서 마이클 커비 전 유엔 북한 인권 조사 위원장은 지난 2월에 나온 북한의 반인도적 범죄 실태 조사 결과 보고서를 설명했습니다. 오늘 회의에서 안보리 이사국들은 북한 수용소를 탈출한 탈북자 두 명으로부터 인권 실태와 탈북 과정 등을 청취했습니다.

　이사국들은 특히 북한 정권 지도부를 국제 형사 재판소에 제소해야 한다는 인권 보고서 권고 사항도 논의했습니다. 커비 전 북한 인권 조사 위원장은 북한의 열악한 인권 상황을 더 이상 용인할 수 없다면서 북한 지도부의 국제 형사 재판소 회부 등 국제 사회의 개입이 절실하다고 주장했습니다.

　오늘 회의에 안보리 거부권을 가진 중국과 러시아는 불참했습니다.

　국제 사법 재판소 회부 등 실질적 제재 조치는 상임 이사국 전원을 포함한 안보리 결의가 필요합니다.

SECTION 3　北朝鮮

 Reference

유엔 : UN/国連

안전 보장 이사회(안보리) : 安全保障理事会(安保理)

인권 : 人権　　　　　　　첫 : 初/一回目

논의[論議] : 議論/協議　　뉴욕 : ニューヨーク

비공식 : 非公式　　　　　반인권 : 反人権

마이클 커비 : マイケル・カービー(Michael Kirby)

반인도적 범죄[反人道的犯罪] : (国際法上の)人道に反する罪

실태 : 実態　　　　　　　이사국 : 理事国

수용소 : 収容所　　　　　탈북자 : 脱北者

청취하다 : 聴取する

국제 형사 재판소 : 国際刑事裁判所(International Criminal Court : ICC)

제소 : 提訴　　　　　　　권고 사항 : 勧告事項

열악하다 : 劣悪だ　　　　개입 : 介入

절실하다[切実-] : 切に望まれる　불참하다[不参-] : 参加しない/欠席する

실질적 : 実質的　　　　　제재 조치 : 制裁措置

상임 이사국 : 常任理事国　포함하다[包含-] : 含む

결의 : 決議

PART2 북한 이산가족 상봉 행사 연기 일방 선언

북한이 보름 후에 예정된 이산가족 상봉 행사를 연기한다고 일방적으로 발표했습니다.

북한은 오늘 조국 평화 통일 위원회(조평통) 대변인 성명을 통해 우리 정부가 남북 대화를 동족 대결에 악용하고 있다며 대화와 협상이 진행될 수 있는 분위기가 마련될 때까지 이산가족 상봉 행사를 연기한다고 밝혔습니다.

조평통은 성명에서 지금의 남북 대화는 공동 선언을 이행하기 위한 북한의 노력 때문이라며 한반도 신뢰 프로세스나 원칙 있는 대북 정책의 결실이라고 주장하는 것은 용납 못 할 모독이라고 비난했습니다. 최근 정상 궤도로 올라가고 있는 남북 관계가 마치 우리 정부의 대북 정책 원칙론 때문에 가능했다는 식으로 내세웠다는 겁니다.

지난달 중순, 우리 정부와 북한 측은 이산가족 상봉 대상자의 최종 명단을 교환했으며, 오는 25일부터 30일까지 금강산에서 상봉 행사를 진행할 예정이었으며 상봉의 날을 고대하고 있던 이산가족들에게 큰 충격과 상처를 남기게 됐습니다.

SECTION 3　北朝鮮

 Reference

이산가족 상봉 행사[離散家族相逢行事]: 離散家族再会事業
보름: 15日/半月
조국 평화 통일 위원회(조평통): 祖国平和統一委員会(北朝鮮の統一運動機関、朝鮮
　労働党の統一・対南政策を代弁する最高機関)
대변인[代弁人]: スポクスマン/報道官　　성명: 声明
남북 대화: 南北対話(韓国と北朝鮮の対話)
동족 대결: 同族対決　　　　　　　　협상[協商]: 協議/交渉
분위기: 雰囲気/ムード　　　　　　　마련되다: つくられる/整う
밝히다: 明らかにする/発表する
공동 선언: 共同宣言(6.15南北共同宣言: 2000年6月、平壌で行われた金大中大統領と金正
　日総書記による南北首脳会談で合意)
이행하다: 履行する　　　　　　　　신뢰: 信頼
프로세스: プロセス　　　　　　　　원칙 있는: 原則にのっとった
대북 정책[対北政策]: 対北朝鮮政策　　결실: 結実/実り
용납[容納]: 容認/許容　　　　　　　모독: 冒瀆
비난하다: 非難する　　　　　　　　정상: 正常/正常の
궤도: 軌道
　☞ 궤도로 올라가다: 軌道に乗る
마치: あたかも/まるで　　　　　　　내세우다: 主張する/掲げる
중순: 中旬　　　　　　　　　　　　대상자: 対象者
명단[名単]: 名簿/リスト　　　　　　오는: 来たる
금강산: 金剛山　　　　　　　　　　고대하다[苦待-]: 待ちわびる
상처[傷処]: 傷

+α

体言 –(으)로부터 〈…から〉

例 취업을 위해 면접시험을 본 회사로부터 드디어 연락이 왔다.
就職のため面接試験を受けた会社から、ついに連絡が来た。

한다体 –는 식으로 〈…というように/…という風に〉

例 보도는 모든 문제를 공무원이 잘못했다는 식으로 몰고 갔다.
報道は、あらゆる問題を公務員が間違えたという風に決めつけた。

한다体 –는 것이다 〈…ということである〉

例 북한 측의 주장은 남한 측이 먼저 약속을 어겼기 때문에 행사를 연기하게 됐다는 것이다.
北朝鮮側の主張は、韓国側が先に約束を破ったため、行事を延期したということだ。

Mini Quiz01

平和や統一を願ってリボンが結ばれた、ここはいったいどこでしょう。

News Background

離散家族問題

　韓国の離散家族の歴史は、1950年に勃発した朝鮮戦争(한국 전쟁)から始まる。3年間続いた戦乱の中、人々が戦火を逃れて避難する際、家族が生き別れとなったり、停戦後には故郷に残してきた家族と休戦ラインを挟んで南北に離れ離れになったりした。

　長い歳月を経て1971年、大韓赤十字社が北朝鮮赤十字に対し、南北離散家族探しについて話し合うための会談の開催を提案した。1972年から10回ほど会談が開かれ、1985年に開かれた第8回本会議で、ついに「離散家族故郷訪問と芸術公演団のソウル・平壌交換訪問」の実施で合意に至る。

　2000年6月15日、朝鮮半島の分断から半世紀を経て、当時の金大中大統領と金正日総書記の間で歴史的な南北首脳会談が実現した。このことにより、停滞していた離散家族再会事業に弾みが付き、2010年まで18回の再会事業や2005年からの映像による対面を含め2007年まで7回実施された。その後、南北関係の悪化で一時中断したものの、再会事業は2014年2月に4年ぶりに再開される。

　人道的な見地からも離散家族問題は、まだまだ課題を多く残している。今後もより自由な連絡や再会のために改善策が必要である。統一部(통일부)では、ウェブサイト「離散家族情報統合システム」を開設し、家族探しや家族間の交信、情報提供などを行っている。

Power Up

1. 次のうち、北朝鮮の核施設があるところの地名はどれでしょう。
   ① 평양　　② 나진　　③ 영변　　④ 개성

2. 下のリストから適切な表現を選び、文を完成させましょう。
   ① 개성 공단이 재가동된 지 3개월이 지났지만 입주 기업들의 생산이 정상 (　　　　　　　　　)까지 시간이 더 걸릴 전망이다.
   ② 중국에서 체포된 탈북민이 강제 북송되는 것을 막기 위해 조속한 유엔의 개입이 (　　　　　　　　) 지적이다.
   ③ (　　　　　　　　　) 대북 정책과 남북 당국 간의 공동 노력이 필요하다.

   > 식으로, 원칙 있는, 궤도로 올라가기, 절실하다는, 밝히다

3. 日本語文の下線部に合わせ、韓国語文を完成させましょう。
   ① 北朝鮮は、今回の交渉はこちら側の態度のせいで決裂したという風に非難した。
   북한은 이번 협상이 우리 쪽의 태도로 인해 (　　　　　　　　　　) 비난했다.
   ② 北朝鮮から、高官級会議開催の提案があった。
   (　　　　　　　　) 고위급 회의 개최에 대한 제안이 있었다.

4. 以下の時事単語について、その社会背景も含めて調べてみましょう。
   ① 새터민[-民]
   ② 개성 공단[開城工団]

SECTION 3　北朝鮮

News Vocabulary

북핵 문제[北核問題] : 北朝鮮核問題

비핵화 : 非核化　　　　　핵무기[核武器] : 核兵器

장거리 로켓 : 長距離ミサイル　　탄도 미사일 : 弾道ミサイル

위협[威脅] : 脅威　　　　　도발 : 挑発／威嚇

군사 분계선[軍事分界線] : 軍事境界線

간첩[間諜] : スパイ　　　　납치 : 拉致

피랍[被拉] : 拉致されること　　북송[北送] : 北朝鮮への送還

공개 처형 : 公開処刑　　　농축 우라늄 : 濃縮ウラン

사용 후 연료봉[使用後燃料棒] : 使用済み核燃料棒

플루토늄 : プルトニウム

핵확산금지협약[核拡散禁止協約] : 核拡散防止条約(NPT)

경제 제재 : 経済制裁　　　남북 경협[南北経協] : 南北経済協力

3대 세습 : 3代世襲　　　　수령 : 首領

선군 정치 : 先軍政治　　　강성 대국 : 強盛大国

판문점 : 板門店　　　　　임진강 : 臨津江

북방 한계선 : 北方限界線(NLL)　　비무장 지대 : 非武装地帯(DMZ)

통일 전망대 : 統一展望台

하나원 : ハナ院(脱北者が韓国社会に適応するための教育施設)

SECTION4　IT・ゲーム

PART1　'스마트 카'로 경쟁—미래 차 개발 한국

　　미국에서 진행 중인 전자 박람회 가전 쇼에 자동차 업계들이 대거 몰려들 정도로 자동차의 개념이 바뀌고 있습니다.

　　단순한 '탈것'에서 점차 첨단 전자 제품으로 진화하고 있는 미래 자동차 기술. 우리는 어느 수준까지 왔는지 알아 보겠습니다.

　　고속도로를 시원하게 내달리는 자동차, "지금부터 핸들과 페달에서 손과 발을 떼겠습니다." 운전자 조작 없이 스스로 주행을 시작합니다. 다른 차량이 끼어들면 알아서 속도를 늦추고, 앞차 바로 뒤에서 급제동도 합니다. 현대차가 개발 중인 이 무인 자율 주행 시스템, 4년 내 상용화를 목표로 안전성 시험을 거듭하고 있습니다.

　　미국에서 진행 중인 전자 박람회, 우리 업체들은 첨단 IT기술과 결합한 스마트 카 기술을 대거 선보였습니다. 손목의 스마트 시계로 목적지를 미리 검색하고, 차량에 탑승하자 곧바로 목적지로 안내합니다.

　　하지만, 물체와의 거리 측정 센서 등, 무인 자동차에 필요한 핵심 부품은 대부분 수입에 의존하고 있는 상황이라 자동차 선진국에 뒤져 있는 원천 기술 개발이 시급한 과제입니다.

SECTION 4　IT・ゲーム

📖 Reference

스마트 카：スマートカー
미래 차[未来車]：未来型自動車/未来カー
전자 박람회：電子博覧会
대거[大挙]：一挙に
　☞ 대거 선보이다：一挙にお目見えする/披露する
몰려들다：集まる/押し寄せる　　단순하다：単純だ
탈것：乗物　　점차[漸次]：徐々に
첨단[尖端]：先端　　体言-(으)로：…に/…へ
시원하다：涼しい/爽快だ
내달리다：つっ走る　　핸들：ハンドル
떼다：離す/外す　　운전자[運転者]：ドライバー
조작 없이：操作なしで　　스스로：自ら
끼어들다：割りこむ　　알아서：自ら/自動で
늦추다：遅くする/ゆるめる　　급제동[急制動]：急ブレーキ
현대차[現代車]：現代(ヒュンダイ)自動車
무인 자율 주행 시스템[無人自律走行-]：自動走行システム
내[内]：以内　　상용화：商用化
거듭하다：繰り返す　　업체[業体]：企業/業者
손목：手首
스마트 시계[-時計]：スマートウォッチ
측정 센서：測定センサー　　무인 자동차：無人自動車/ロボットカー
뒤지다：立ち後れる　　원천 기술[源泉技術]：コア技術
시급하다[時急-]：緊急だ
　☞ 시급한 과제：至急/早急な課題

PART2 '게임중독법'발의—반발 확산, 쟁점은?

게임을 알코올이나 마약처럼 중독 물질로 규정해, 국가 차원에서 치료와 관리를 하자는 게 이른바 '게임중독법안'의 취지입니다.

게임을 그만하라고 나무라는 어머니를 살해한 뒤 스스로 목숨을 끊은 중학생, 온라인 게임에서 졌다고 홧김에 오토바이를 불태운 학생까지, 원인은 모두 게임 중독으로 파악됐습니다.

게임이 유해 물질인지 논란이 일고 있는 가운데 자녀들의 게임 중독을 우려하는 일부 학부모 단체들은 대체로 법안에 찬성한다는 입장입니다.

디자이너들이 캐릭터 제작에 한창인 한 게임 업체. 게임 중독법 추진 소식에 일할 의욕을 잃고 있었습니다. 청소년의 게임 접속 시간을 제한하는 셧다운제와 같은 규제 제도가 있는데도 범정부 차원의 규제가 가능하도록 한 이번 법안은 지나치다는 주장입니다.

무엇보다 대한민국 콘텐츠 수출에 앞장서고 있는 게임 산업의 발전을 가로막을 수 있다는 것입니다. 실제로 지난해 게임 산업의 수출 규모는 26억 달러로, 한류 확산의 주역이라는 K팝보다 12배나 많은 규모이므로 게임 업체는 법안 반대 운동을 더욱 확대해 나갈 계획입니다.

Reference

발의 : 発意
알코올 : アルコール
차원 : 次元/レベル
게임중독법안 : ゲーム中毒法案
나무라다 : とがめる/たしなめる
　☞ 그만하라고 나무라다 : やめなさいとしかる
목숨 : 命
　☞ 목숨을 끊다 : 命を絶つ
홧김에 : 腹立ちまぎれに
불태우다 : 燃やす/火をつける
자녀 : 子女/子供
대체로[大体-] : 概して
캐릭터 : キャラクター
한 : ある
범정부[汎政府] : 政府全体
콘텐츠 : コンテンツ
가로막다 : さえぎる/妨げる

쟁점 : 争点
규정하다 : 規定する
이른바 : いわゆる
취지 : 趣旨

오토바이 : バイク
파악되다 : 把握される
우려하다[憂慮-] : 懸念する
디자이너 : デザイナー
한창 : 真っ盛り/真っ最中
셧다운제[-制] : シャットダウン制
지나치다 : 度がすぎる/行きすぎる
앞장서다 : 先に立つ/リードする

+α

語幹①-자 〈…すると〉

> 例 스마트 폰에 전원을 넣자 바로 움직였다.
> スマートフォンに電源を入れるとすぐに動いた。

体言-(이)라(서) 〈…なので〉

> 例 이 프로젝트는 사내 기밀 사항이라 외부에는 공개할 수 없다.
> このプロジェクトは社内機密事項なので外部には公開できない。

語幹②-라고 〈…しなさいと〉

> 例 내일까지는 작성한 워드 파일을 꼭 보내라고 했다.
> 明日までは、作ったワードファイルを必ず送りなさいといった。

語幹①-도록 〈…するように〉

> 例 무선으로 쓸 수 있도록 설치해 주세요.
> 無線で使えるように設置してください。

体言-(이)므로 〈…であるので〉

> 例 본 기술은 최첨단 기술이므로 산업 특허를 쉽게 딸 수 있을 것이다.
> 本技術は最先端の技術なので産業の特許を容易に取ることができるだろう。

SECTION 4　IT・ゲーム

News Background

韓国のゲーム産業

　韓国の文化体育観光部と韓国コンテンツ振興院が刊行した「2012年韓国ゲーム白書」によると、2012年の韓国内ゲーム市場の規模は、10兆ウォンを突破し、2014年には15兆ウォンに迫る市場を形成すると見込まれていた。

　オンラインゲーム市場は2011年でゲーム市場全体の70.8%を占める。ネットカフェ(PC방)などの流通部分をのぞき、制作関連部分のみを考えると、オンラインゲームが88.9%の市場シェアを占め、国内ゲーム産業の中心に位置するといえる。そもそも、韓国でゲーム産業が盛んになり始めたのは、よく発達したネットワークと高いインターネット普及率のおかげとされる。とくに国内ゲーム産業は2000年代に入って毎年20%以上の成長を続けたとされ、2011年、ゲームの輸出は前年比48.1%と著しい成長を遂げ、2007年以来減少が続いている輸入は、2011年にも前年比15.5%減少、輸入が輸出の10分の1にも満たない輸出超過構図に変わったという。

　輸出においても、オンラインゲームが全体ゲーム輸出額の96.2%(22億8875万ドル)を占め、海外輸出をリードする役割を果たしている。2011年売上基準で、国内ゲーム市場(63億9700万ドル)は世界のゲーム市場(1081億1300万ドル)の5.9%のシェアを占めたと、「2012年韓国ゲーム白書」は報告している。

Power Up

1. 次のうち、ITと関連のない言葉はどれでしょう。
   ① 트위터   ② 블로그   ③ 코스닥   ④ 문자 서비스

2. 下のリストから適切な表現を選び、文を完成させましょう。
   ① 형은 동생에게 이제 (   ), 동생은 게임을 멈추지 않았다.
   ② 구글, 마이크로소프트, 소니, 디즈니, 삼성, 현대차 등 세계적 기업들이 첨단 기술을 (   ).
   ③ 정부의 지나친 규제가 웹 발전을 (   )고 인터넷 기업들은 주장한다.

   > 그만하라고 나무랐지만, 선보인다,
   > 가로막고 있다, 지나치다는 주장이다

3. 日本語文の下線部に合わせ、韓国語文を完成させましょう。
   ① 不正ログインができないようにする方法を尋ねると、店員は親切に教えてくれた。
   부정 로그인을 (   ) 하는 방법을 (   ), 점원은 친절하게 가르쳐 주었다.
   ② 人々はゲームと現実を区分しなさいと言いますが、フィクションという点ではドラマを見るのと一緒という気がする。
   사람들은 게임과 현실을 (   ) 하지만 허구라는 점에선 드라마를 보는 것과 마찬가지라는 생각이 든다.

4. 以下の時事単語について、その社会背景も含めて調べてみましょう。
   ① 휴대전화 보조금 과열[携帯電話補助金過熱]
   ② 원격 진료[遠隔診療]

News Vocabulary

원격 지원 : 遠隔支援/遠隔サポート

문자 자동 전송[文字自動轉送] : メールの自動送信

웨어러블 디바이스 : ウェアラブル端末

무인 헬기 택배[無人-機宅配] : 無人ヘリによる宅配

3D 프린팅 기술 : 3D プリンター技術

트위터 : ツイッター　　　　　리트윗 : リツイート

소셜 네트워크 서비스 : ソーシャルネットワークサービス

카카오톡 : カカオトーク　　　라인 : ライン

채팅 : チャット　　　　　　웹 : ウェブ

앱 : アプリケーションソフトウェア

맞춤형 정보[-型情報] : オーダーメード型情報

컨설턴트 : コンサルタント　　상위 버전 : 上位バージョン

PC 보안[-保安] : PCセキュリティ　파일 변환 : ファイル変換

동기화 과정 : 同期化過程

공인 인증서[公認認證書] : 公認証書/(公的機関による)本人認証

정보 통신 기술 : 情報通信技術(ICT)　누리꾼 : ネットユーザー

스팸 : スパムメール/迷惑メール　악플[惡-] : 悪レス/悪質な書き込み

해킹 : ハッキング　　　　　댓글 : レス/書き込み

조회 수[照會數] : 検索件数

다매체 시대[多媒體時代] : マルチメディア時代

SECTION5　環境

PART1　최첨단 건물들, 에너지 제로에 도전!

　요즘 설계 단계부터 최종 시공까지 에너지 감축에 공을 들인 건물들이 속속 등장하고 있습니다.

　이 초고층 건물은 벽면 전체가 3,500개의 태양광 패널로 이뤄져 있으며 시간당 730kW의 전기 생산이 가능해 건물에 필요한 총 에너지의 4%, 조명에 필요한 전기의 66%를 자체 생산할 수 있습니다.

　전통 한옥의 처마에서 영감을 얻었다고 하는 외벽 형태는 건물 벽면 유리가 모두 15도 각도로 기울어져 있는데, 사무실 내부로 들어오는 햇빛과 자외선 유입을 최소화시킵니다.

　사무실 안은 바닥 공조 시스템이 설치돼 있어 냉난방 기운이 바닥에서 사람 키 높이 만큼만 올라와 공조 효과를 높일 수 있습니다. 이 아파트는 이산화탄소 발생 제로를 목표로 구석구석 100가지 이상의 친환경 건축 기술이 적용된 그린 빌딩입니다.

　옥상에서 태양광을 모아서 바로 덕트로 연결해 활용하는 자연 조명, 삼중 유리로 열 손실을 최소화하는 창문, 건물 외벽엔 단열 성능이 높은 강철 소재를 사용해 난방비 부담을 줄였습니다.

Reference

최첨단[最尖端] : 最先端
시공 : 施工
공[功]을 들이다 : 誠意を尽くす/力を入れる
속속 : 続々
벽면 : 壁面
태양광 패널 : 太陽光パネル/ソーラーパネル
[体言]-(으)로 이뤄져 있다 : …でできている
시간당[時間当] : 一時間当たり
한옥[韓屋] : 韓国伝統家屋
영감[霊感] : インスピレーション
외벽 : 外壁
기울어지다 : 傾く
자외선 : 紫外線
최소화시키다 : 最小化する
기운[気運] : 空気
이산화탄소 발생 제로[二酸化炭素発生-] : 二酸化炭素(CO_2)ゼロ
구석구석 : 隅々/ところどころ
친환경[親環境] : 環境にやさしい/エコ
그린 빌딩 : グリーン・ビルディング(環境と資源に配慮し、省エネをも図った建物)
덕트 : ダクト
삼중 : 三重
단열 성능[断熱性能] : 断熱効果
소재 : 素材

에너지 제로 : ゼロ・エネルギー/ゼロエネ
감축[減縮] : 削減
초고층 건물[超高層建物] : 超高層ビル
자체 생산[自体生産] : 独自生産
처마 : 軒
얻다 : 得る
유리[琉璃] : ガラス
햇빛 : 日光/日差し
유입[流入] : 入り込む
공조 시스템 : 空調システム
만큼 : ほど/くらい
가지 : …通り
적용되다 : 適用する
자연 조명 : 自然照明
열 손실 : 熱損失
강철 : 鋼鉄/スチール
줄이다 : 減らす

PART2 한반도 덮친 미세 먼지 건강 피해 우려 '심각'

중국에서 날아온 지름 10㎛ 이하의 미세 먼지가 며칠째 전국 하늘을 뒤덮자, 호흡기 건강에 대한 시민의 불안과 우려도 커지고 있습니다.

미세 먼지는 물질 자체의 독성뿐 아니라 더 큰 문제는 입자 크기입니다. 일반적으로 호흡기를 통해 몸 안에 들어온 먼지는 1차로 코털, 2차로 기관지의 섬모(털)를 거치면서 걸러집니다. 그러나 미세 먼지(지름 10㎛ 이하)와 초미세 먼지(지름 2.5㎛ 이하)의 크기는 각각 머리카락 굵기의 7분의 1, 30분의 1 정도에 불과하기 때문에 코털이나 기관지를 통해 여과되지 않고 바로 폐포에 흡착될 가능성이 큽니다. 또 이렇게 한번 폐로 들어간 미세 먼지는 몸 밖으로 배출되지 않고 계속 남게 됩니다.

체내에 쌓인 미세 먼지는 비염·중이염·기관지염·후두염·천식 등을 유발하거나 악화시킵니다. 또 미세 먼지의 독성 물질이 모세 혈관에 유입되면 혈액의 점도(끈끈한 정도)가 커져 혈관을 수축시키고 심혈관계 전체에 영향을 줄 수도 있습니다.

SECTION 5　環境

Reference

덮치다 : 降りかかる/襲う
먼지 : ちり/ほこり
　☞ 미세 먼지[微細-] : (大気中に浮遊する)粒子状物質(PM10)

날아오다 : 飛んでくる　　　　　지름 : 直径
며칠째 : 数日続けて/ここ数日　뒤덮다 : 覆う
호흡기 : 呼吸器　　　　　　　독성 : 毒性
입자 : 粒子　　　　　　　　　크기 : 大きさ
1차[一次] : 1次的　　　　　　 코털 : 鼻毛
기관지 : 気管支　　　　　　　섬모 : 繊毛
거치다 : 経由する　　　　　　걸러지다 : 取り除かれる

초미세 먼지[超微細-] : 微小粒子状物質(PM2.5)

머리카락 : 髪の毛　　　　　　굵기 : 太さ

体言 -에 불과[不過]하다 : …に過ぎない

여과[濾過] : ろ過　　　　　　바로 : まさに/直接
폐포 : 肺胞　　　　　　　　　흡착 : 吸着/付着
배출되다 : 排出される　　　　체내 : 体内
쌓이다 : 蓄積される/たまる　비염 : 鼻炎
중이염 : 中耳炎　　　　　　　기관지염 : 気管支炎
후두염 : 喉頭炎　　　　　　　천식 : 喘息
악화시키다 : 悪化させる　　　모세 혈관 : 毛細血管
점도 : 粘度　　　　　　　　　끈끈하다 : 粘っこい/ねばねばする
수축시키다 : 収縮させる　　　심혈관계 : 心血管系

+α

[体言]−뿐(만) 아니라 〈…だけではなく/…のみならず〉

例 면역력이 떨어지면 고혈압뿐 아니라 합병증도 올 수 있다.
免疫力が落ちると高血圧だけでなく、合併症が起こることもある。

Mini Quiz02

黄砂が激しいとかすんでみえる、ソウルにあるこれはいったい何でしょう。

News Background

黄砂

　近年、日本でも黄砂の被害が深刻化しているが、韓国でも以前から黄砂は深刻な環境問題となっている。

　もともと中国の黄河流域や砂漠地帯の砂塵が大気中に舞い上がり偏西風によって飛来する黄砂は、中国での経済発展と共に、その害はますます深刻化している。飛来する浮遊物に含まれるPM2.5やさらに微小な粒子が人体に直接害を及ぼす危険があり、慎重な対応が必要な状況であることはよく知られている。

　韓国では、毎年春ごろになると黄砂の時期が到来し、連日否応なく澱んだ大気にさいなまれることになる。

　しかしこの問題は、根本的な解決がたいへん難しく、韓国としては被害の最小化に努めるしか方法がない。早期予報によって、黄砂の発生から移動経路や影響度などをあらかじめ知らせることで被害を防止している。

　もちろんこれだけでは、効果的な予防はできない。そのため最近、地球環境ファシリティ(GEF：Global Environment Facility)の黄砂対応プロジェクトに参加して、解決策を立てることに力を注いでいる。GEFのプロジェクトは、韓国、中国、日本、モンゴルと国連環境計画(UNEP)、アジア開発銀行(ADB)、アジア太平洋経済社会委員会(ESCAP)などの関係機関が共同で黄砂問題に対応するもので、地域協力体制の構築、モニタリング、早期警報ネットワークの構築プログラムの準備、8つの地域における黄砂防止のテスト事業実施などを計画している。

Power Up

1. 環境問題とは関係のない言葉はどれでしょう。
   ① 재생 에너지   ② 생계형 범죄   ③ 생물 다양성   ④ 생태계 파괴

2. 下のリストから適切な表現を選び、文を完成させましょう。
   ① 회사의 명운을 걸고 막대한 자금을 투입해 (   ) 개발한 차세대 전기 자동차.
   ② 최근 황사는 국민의 건강과 국가 산업에 (   ) 환경 문제로 인식되고 있다.
   ③ 눈에 보이는 것은 일부분(   ).

   > 최첨단 기술, 일반적으로, 공을 들여,
   > 영향을 줄 수 있는, 로 이뤄져 있다, 에 불과하다

3. 日本語文の下線部に合わせ、韓国語文を完成させましょう。
   ① 地球温暖化対策の取組が、環境だけでなく家計にもやさしいということがわかるように数字で表示した。
   지구 온난화 대책을 실천하는 것이 (   ) 가계에도 도움이 된다는 것을 알기 쉽게 숫자로 표시했다.
   ② ハイブリッドカーは電気モーターとガソリンのエンジンで動くことで、二酸化炭素の排出量を少なくしたエコカーである。
   하이브리드 자동차는 전기 모터와 휘발유 엔진으로 움직여 이산화탄소 배출량을 줄인 (   )이다.

4. 以下の時事単語について、その社会背景も含めて調べてみましょう。
   ① 녹색 경제 [緑色経済]
   ② 배출권 거래 [排出権去来]

News Vocabulary

온실가스[温室-] : 温室効果ガス　　화석 연료 : 化石燃料

배출량 감축[排出量減縮] : 排出量削減

기후 변화 협약[気候変化協約] : 気候変動枠組条約

기후 변화에 관한 정부 간 협의체[気候変化-関- 政府間協議体] : 気候変動に関する政府間パネル(IPCC)

열섬 현상[熱-現象] : ヒートアイランド現象

오존층 : オゾン層　　　　　　　　산성비[酸性-] : 酸性雨

산사태[山沙汰] : 土砂崩れ　　　　생태계 교란 : 生態系の撹乱

멸종 위기[滅終危機] : 絶滅危惧

신·재생 에너지[新·再生-] : 再生可能エネルギー

태양광 발전[太陽光発電] : ソーラー発電

저탄소 : 低炭素　　　　　　　　　수질 오염 : 水質汚染

대기 오염 : 大気汚染　　　　　　새집 증후군 : シックハウス症候群

집 먼지 진드기 : 家ダニ　　　　　3국 공조[-国共助] : 3国協調

에너지 절약[-節約] : 省エネ　　　해양 쓰레기 : 海洋ゴミ

엘니뇨 현상 : エルニーニョ現象　라니냐 현상 : ラニーニャ現象

적조 현상[赤潮現象] : 赤潮　　　해수면 상승[海水面上昇] : 海面上昇

떼죽음 : 大量死

SECTION6　観光

PART1　얼음에서 건지는 손맛 '평창 송어 축제'

　평창 오대천에서는 지금이 제철인 송어 낚시를 즐기기 위해 관광객들이 끊이지 않습니다. 꽁꽁 언 얼음. 두께가 30 센티미터가 넘어 안심하고 낚시를 즐길 수 있습니다. 팔뚝보다도 더 굵은 송어를 들어 올리는 재미에 어른 아이 할 것 없이 신이 납니다. 50년 전 국내에 들어온 송어는 평창에서 처음 양식이 시작됐습니다.

　1급수 맑은 물에서 자란 송어, 초보자들도 어렵지 않게 잡을 수 있도록 물 반, 고기 반 풀어놨습니다. 축제에서 빼놓을 수 없는 맨손으로 송어 잡기. 뜨거운 열기에 추위도 잊은 사람들이 송어를 잡으려고 한바탕 소동을 벌입니다. 낚시와는 비교할 수 없는 색다른 재미입니다. 잡은 송어는 현장에서 바로 맛볼 수 있습니다. 주홍빛 살결 무늬가 소나무 판 같아 붙여진 이름, 송어. 탱탱한 송어 회와 육즙 가득 고소한 송어 구이에 입이 즐겁습니다. 평창 송어 축제는 다음 달 2일까지 계속됩니다.

SECTION 6 　観光

Reference

얼음 : 氷
손맛 : 手作りの味/手の感触
평창 : 平昌(江原道南部に位置する2018年の冬季オリンピック開催地)
송어[松魚] : マス
오대천 : 五台川(江原道五台山から南漢江へ流れる川)
제철 : 旬/シーズン
꽁꽁 얼다 : コチコチに凍る
센티미터 : センチメートル
굵다 : 太い
어른 아이 할 것 없이 : 大人も子供も皆
양식 : 養殖
1급수 : (韓国の環境部が定めた水質等級で)一級水
맑다 : 清い
풀어놓다 : 放つ
맨손 : 素手
추위 : 寒さ
한바탕 소동을 벌이다 : ひと騒動を起こす
색다르다 : 風変わりだ
　☞ 색다른 재미 : 一味違った面白さ
맛보다 : 味わう
살결 : 肌/身
소나무 : 松の木
붙여지다 : 付けられる
탱탱하다 : (中身がいっぱいになって)はち切れそうだ/ぷりぷりだ
회[膾] : 刺身
가득 : いっぱい/ぎっしり
구이 : 焼き

건지다 : すくう
끊이다 : 絶える
두께 : 厚さ
팔뚝 : 腕
들어 올리다 : 持ち上げる/つり上げる
신이 나다 : 大はしゃぎする

초보자[初步者] : 初心者
빼놓을 수 없다 : 欠かせない
잡기 : 捕り/つかみ取り

주홍빛[朱紅-] : 朱色
무늬 : 模様
판 : 板

육즙 : 肉汁
고소하다 : 香ばしい

53

PART2 설악산 단풍 시작—다음 달 중순쯤 '절정'

최근 기온이 뚝 떨어졌죠. 설악산엔 단풍이 물들기 시작했습니다. 해발 1708미터 설악산 대청봉 일대, 알록달록 물든 단풍이 산 정상부터 수를 놓았습니다. 붉은 단풍은 따뜻한 가을 햇살을 한껏 받아 그 빛을 더 발합니다.

등반객들은 올 가을 첫 단풍 산행이 즐겁습니다. 최근 설악산 일대 기온이 평년보다 2도 정도 높았지만 이번 주 들어 아침 기온이 5도 이하로 떨어지면서 평년과 비슷한 시기에 단풍이 시작됐습니다. 설악산 단풍은 다음 달 18일쯤 절정에 이를 것으로 보입니다.

단풍철과 겨울에 대비해 대피소마다 비상식량과 식수를 쌓아두는 등 탐방객을 맞을 준비에도 바쁩니다. 본격적인 단풍철인 다음 달부터 많게는 하루 6~7만 명 정도가 설악산을 찾을 것으로 예상됩니다. 지역별 단풍 절정기는 중부 지방과 지리산이 다음 달 중순 후반부터 하순 사이, 남부 지방은 다음 달 말부터 11월 초 사이가 될 전망입니다.

SECTION 6　観光

Reference

설악산 : 雪岳山(江原道にある山)
떨어지다 : 落ちる/下がる
해발 : 海抜/標高
일대 : 一帯
산 정상[山頂上] : 山頂
붉다 : 赤い
한껏 : 思い切り
등반객[登攀客] : 登山客
산행[山行] : 山登り
절정[絶頂]에 이르다 : ピークに達する
단풍철[丹楓-] : 紅葉のシーズン
대피소[待避所] : 避難所
식수[食水] : 飲み水
탐방객[探訪客] : 訪問客/行楽客
지리산 : 智異山(全羅南道と慶尚南道にまたがる山)
하순 : 下旬

뚝 : ぐっと
단풍[丹楓]이 물들다 : 紅葉が色づく
대청봉 : 大青峰(雪岳山の最高峰)
알록달록 : 色とりどり
수를 놓다 : 刺繍する/彩る
햇살 : 日ざし/太陽の光
빛을 발하다 : 光を発する/輝く
올 : 今年
들다 : 入る/始まる

대비하다[対備-] : 備える
마다 : ごとに
쌓아 두다 : 積んで置く
맞다 : 迎える
사이 : 間

+α

[語幹②] -려고 〈…しようと〉

例 정부는 이산가족 문제를 해결하려고 협의 중이다.
政府は離散家族の問題を解決しようと協議中である。

[語幹②] -ㄹ 것으로 〈…するだろうと/…するものと〉

例 이번 사건을 계기로 국정원에 대한 비난이 커질 것으로 보인다.
今回の事件をきっかけに国家情報院に対する非難が強まると思われる。

[語幹②] -ㄹ 전망이다 〈…する見込みだ〉

例 이번 달 말부터 장마철에 들어갈 전망이다.
今月末から梅雨に入る見込みだ。

Mini Quiz03

ハングルをつくった私はいったい誰でしょう?

News Background

韓国の祭り

　韓国文化体育観光部は、現場評価および専門家の審査を通じて、2014年度の「韓国の祭り」として代表祭り(2ヵ所)、最優秀祭り(8ヵ所)、優秀祭り(10ヵ所)、有望祭り(22ヵ所)の4種類42ヵ所を選定した。代表祭りは昨年に続き、韓国の農業文化と自然環境の大切さを伝える「金堤地平線祭り(김제 지평선 축제)」、そして新たに「華川ヤマメ祭り(화천 산천어 축제)」を選定した。

　毎年100万人が訪れる「華川ヤマメ祭り」は韓国最高の冬のイベントで、多様なプログラムと体験コーナーが人気を呼んでいる。代表的なプログラムには、北漢江で行われるヤマメの氷釣りや、氷上サッカー、氷ソリなどがある。

　最優秀祭りに選ばれた「珍島神秘の海割れ祭り(진도 신비의 바닷길 축제)」は海外でも広く知られている祭りで、3月末に開催される。全羅南道の珍島では毎年モーゼの奇跡のような風景が広がる。潮の干満により、全羅南道古郡面回洞里と義新面茅島の間に全長約2.8キロメートル、幅40～60メートルの道ができる。潮の干満がもっとも大きい時期に祭りが開かれ、珍島独特の風景とともに多彩な海洋体験が楽しめる。

　優秀祭りに選ばれた「水原華城文化祭(수원 화성 문화제)」は、毎年10月に開催される祭りで、世界文化遺産である華城をバックに正祖(朝鮮22代目王、在位1776～1800年)の時代の宮中および庶民の生活の再現、家族で楽しめる体験コーナー、正祖大王を迎える祝賀イベントなど多彩なプログラムが繰り広げられる。

　有望祭りに選ばれた「奉化鮎祭り(봉화 은어 축제)」は山や木々に囲まれ、水と空気のきれいな奉化で開催される夏祭りで、澄みきった爽やかな乃城川に飛び込んで鮎をつかまえ、暑さを吹き飛ばすことができる。

Power Up

1. 次のうち、冬の祭りはどれでしょう。
   ① 녹차 축제   ② 딸기 축제   ③ 머드 축제   ④ 빙어 축제

2. 下のリストから適切な表現を選び、文を完成させましょう。
   ① 개나리나 진달래로 아름답게 (　　　　　　) 지리산은 봄을 즐기려는 인파로 대혼잡을 이루었다.
   ② 세계 유산 등록으로 올 들어 탐방객이 (　　　　　　) 일년에 1천만 명 이상 방문할 것으로 예상된다.
   ③ 이번 여행에서 (　　　　　　) 재미라면 불꽃 축제와 맛있는 제철 요리를 본고장에서 즐길 수 있다는 것이다.

   > 높게는, 물든, 빼놓을 수 없는, 많게는, 수를 놓다

3. 日本語文の下線部に合わせ、韓国語文を完成させましょう。
   ① 新しい観光商品の開発を通じ観光客が大幅増加すれば、地域の活性化にも大きく<u>寄与するものとみられる</u>。
   새로운 관광 상품 개발을 통해 관광객이 대폭 증가할 경우 지역 활성화에도 크게 (　　　　　　　　).
   ② 地方自治体の支援行事なので葡萄狩りの体験コーナーでは葡萄3房を無料で提供するなど、色々なイベントを準備し、<u>客を迎える見込みである</u>。
   지자체의 지원 행사이기 때문에 포도 따기 체험장에서는 포도 세 송이를 무료로 제공하는 등, 여러 가지 이벤트를 준비해서 손님을 (　　　　　　　　).

4. 以下の時事単語について、その社会背景も含めて調べてみましょう。
   ① 올레길
   ② 효도 관광[孝道観光]

SECTION 6　観光

News Vocabulary

볼거리 : 見所
회전목마[回転木馬] : メリーゴーランド　　놀이공원[−公園] : 遊園地
황금연휴[黄金連休] : ゴールデンウィーク
바가지 쓰다 : ぼられる　　　　　　　　싸구려 : 安物
단골고객[−顧客] : 常連客　　　　　　　나들이 : 行楽
성수기[盛需期] : ピーク期/繁忙期　　　비수기[非需期] : 閑散期
당일치기[当日−] : 日帰り　　　　　　민박[民泊] : 民宿
귀성길[帰省−] : 郷里に帰る道中
저가 항공[低価航空] : 格安航空/LCC
연료특별부가운임[燃料特別付加運賃] : 燃油サーチャージ
인파 : 人波/人出　　　　　　　　　　불청객[不請客] : 招かれざる客
뜨내기손님 : 一見客/常連でない客　　　휴게소 : 休憩所/サービスエリア
북새통 : 大騒ぎ　　　　　　　　　　　캠프촌[−村] : キャンプ場
힐링 : ヒーリング
상춘객[賞春客] : 春の景色を楽しむ人たち
대절 : 貸切　　　　　　　　　　　　　보관함[保管函] : コインロッカー
환승[換乗] : 乗り換え　　　　　　　　환불[還払] : 払い戻し
웨이팅 : キャンセル待ち
교통 카드[交通−] : 交通系電子マネー

SECTION7 健康·福祉

PART1 출산율 뚝, 인구 정책 빨간불

　출산율이 낮은 나라하면 유럽 국가들이 떠올랐었는데, 이제는 우리나라 여성들이 영국이나 프랑스의 여성들보다 아이를 더 안 낳는 것으로 나타났습니다. 아이를 낳았을 경우 사회적으로 보호를 받아야 되는데 육아 문제도 해결이 안되고, 혼자 이리 뛰고 저리 뛰고 해야 하고, 교육비도 너무 많이 드는 여러 가지 문제점이 있습니다.

　출산율이 급락하는 가장 큰 이유는 직장에 나가 일하는 동안 자녀를 돌봐 줄 보육 시설이 적고 사교육비를 감당하기 어렵기 때문입니다. 만혼도 늘고 있습니다.

　저출산은 이제 사회 대세로 굳어져 가고 있습니다. 그래서 출산 장려금을 준다든지, 보육 수당을 늘린다든지 하는 출산 장려책은 이제 큰 효과를 기대하기 어렵습니다. 저출산의 부작용을 최소화할 수 있는 정책 방안이 종합적으로 강구되어야 할 필요가 있습니다.

　저출산이 계속되면 지금 70만 명의 군인 수가 2008년쯤에는 7만 명 정도 부족할 것으로 예상됩니다. 이렇게 되면 산업체나 연구 기관 등에서 근무하면서 군 복무를 대신하는 현행 대체 복무 제도가 폐지될 것으로 보입니다.

SECTION 7　健康・福祉

Reference

출산율[出産率] : 出生率
떠오르다 : 浮き上がる/思い浮かぶ
이리 뛰고 저리 뛰고 : あちこちに奔走し/あちこち走りまわり
돌보다 : 世話をする/面倒をみる
사교육비[私教育費] : 学校外教育費(塾や習い事にかかる費用)
감당하다[堪当-] : 持ちこたえる/やりくりする
만혼 : 晩婚
대세[大勢] : 大きな流れ/時代の流れ
장려금 : 奨励金
늘리다 : 増やす/伸ばす
강구되다[講究-] : 講じられる
군 복무 : 軍服務/軍への服務
대신하다[代身-] : 代行する/代わりにする
대체 : 代替/代わり

빨간불 : 赤信号
낳다 : 産む
저출산[低出産] : 少子化
굳어지다 : 固くなる/定着する
보육 수당[保育手当] : 児童手当
부작용 : 副作用/悪影響
산업체[産業体] : 企業

Mini Quiz04

高麗人蔘を加工してつくった、これはいったい何でしょう。

PART2　약방엔 감초, 주방엔 양파?

　다이어트, 특히 뱃살 빼는데 관심 많은 분들, 양파를 눈여겨 보셔야겠습니다.

　실험을 해 봤더니 양파즙을 꾸준히 먹은 사람들이 체중 감소와 콜레스테롤 면에서도 효과를 봤다고 하는데요. 양파가 비만 해소에 큰 도움이 된다고 합니다. 양파는 항암 효과는 물론 혈액을 깨끗이 청소하는 항산화 효과로 고혈압, 동맥경화 등 성인병 예방에 좋은 것으로 알려져 있습니다.

　동의보감에도 '오장의 기에 모두 이롭다'라고 기록되어 있다는 양파! 둥근 불로초라 불리는 양파의 효능을 취재했습니다. 양파에는 몸에 좋은 유효 성분이 100가지가 넘게 있습니다. 그 중 대표적인 쿼세틴이라는 물질은 강력한 항산화 효과를 가지고 있어 피를 맑게 하는 효능 때문에 고혈압이라든지 심근경색을 예방하는 효능과 항암 효과도 가지고 있습니다.

　쿼세틴은 사과보다는 양파에 10배 이상 더 많이 함유되어 있으며 콜레스테롤 등 체내 지방을 분해해 다이어트에도 효과가 좋습니다.

　건강을 위해 양파와 친해지는 습관을 가지는 건 어떠세요?

SECTION 7　健康・福祉

📝 Reference

약방[藥房] : 薬局
　☞ 약방에 감초 : 欠かせない存在/外せない存在
주방[厨房] : 台所
다이어트 : ダイエット
뱃살 : お腹の贅肉
눈여겨보다 : 注視する/注目する
꾸준히 : たゆまず/根気強く
도움 : 助け
깨끗이 : きれいに
항산화 : 抗酸化
동맥경화 : 動脈硬化
동의보감 : 東医宝鑑(1610年に許浚が完成させた医書)
오장[五臓] : 五の臓器(肝臓・心臓・脾臓・肺臓・腎臓)
기[器] : 臓器
기록되다 : 記録される
불로초 : 不老草
쿼세틴 : クェルセチン/ケルセチン(Quercetin)
심근경색 : 心筋梗塞

감초[甘草] : カンゾウ
양파[洋-] : タマネギ
빼다 : 痩せる/引く
즙[汁] : エキス
콜레스테롤 : コレステロール
항암 효과[抗癌効果] : 抗がん作用
청소하다[清掃-] : 掃除する
고혈압 : 高血圧
알려지다 : 伝えられる/知られる

이롭다[利-] : 得だ/効き目がある
둥글다 : 丸い
불리다 : 言われる/呼ばれる

함유되다[含有-] : 含まれる

+α

[体言]-하면 〈…というと/…すると〉

> 例 '명품' 하면 어떤 브랜드가 떠오르세요?
> 「高級ブランド」といえば、どんなブランドが思い浮かびますか。

[한다体]-든지 〈…とか〉

> 例 요즘에는 재테크를 한다든지 해서 학자금을 마련하는 사람도 있다.
> 最近は財テクをするなどして学資を準備する人もいる。

[語幹③]-썼더니 〈…したところ/…したら〉

> 例 매일 홍삼차를 마셨더니 건강해졌다.
> 毎日、紅参茶を飲んだら元気になった。

Mini Quiz05

健康をつくりだす元が詰まった調味料を置く、この場所は何というでしょう。

News Background

韓国の少子化

　1人の女性が一生のうちに産む子どもの数は合計特殊出生率で表されるが、2013年の世界平均は約2.5人で、韓国は1.19人である。この数値はOECD加盟国のなかで最下位であり、ソウルだけでみれば2014年で0.97名である。

　もともと韓国における出生率は1960年で6.0、1970年で4.53、1980年でも2.82という高い水準を保っていたことを考えれば、今日的に出生率が激減したことがわかる。このような韓国における出生率の低下にはいくつかの原因が考えられるが、1つに子どもの教育費の高さが挙げられる。韓国の教育熱の高さは世界的にもよく知られているが、1人の子どもにかかる教育費の負担は年々さらに増加している。また、女性の初婚平均年齢の上昇も理由の1つとして挙げられる。統計庁の人口動向調査によれば、2013年のソウル女性の初婚平均年齢は30.4歳である。晩婚化によって出産平均年齢も高くなった。結婚に関する意識も変化し、結婚を希望しない男女も増加するなど、社会の状況は変わりつつある。

Power Up

1. 次のうち、病気と関係のない言葉はどれでしょう。
   ① 신토불이   ② 뎅기열   ③ 꽃가루 알레르기   ④ 홍역

2. 下のリストから適切な表現を選び、文を完成させましょう。
   ① 한국에서 한 자녀 가정이 늘어나고 있어서 향후 한국의 의무 병역 제도에도 영향을 미칠 (   ).
   ② 예전부터 건강에 많은 신경을 쓰는 한국 사람들은 건강 음식에 대한 관심이 남다르다. 특히 요즘에는 (   ) 음식으로 양파가 많은 주목을 받고 있다.
   ③ 바쁜 모습을 의미하는 (   )라는 표현을 다른 말로는 '동분서주' 라고도 한다.

   > 피를 맑게 하는,   것으로 보인다,   아이를 낳다,
   > 약방에 감초,   이리 뛰고 저리 뛰고

3. 日本語文の下線部に合わせ、韓国語文を完成させましょう。
   ① 調査をしたところ、多くの韓国人が健康食品を食べてみたことがあると答えた。
   조사를 (   ) 많은 한국 사람들이 건강 식품을 먹어 본 적이 있다고 대답했다.
   ② 高齢化時代を迎え、年金保険や健康保険などに入るとかして老後に備える人が増えている。
   고령화 시대를 맞이하여 연금 보험이나 건강 보험에 (   ) 하며 노후를 준비하는 사람이 늘고 있다.

4. 以下の時事単語について、その社会背景も含めて調べてみましょう。
   ① 요양 병원[療養病院]
   ② 산후 조리원[産後調理院]

SECTION 7 　健康・福祉

News Vocabulary

아토피 : アトピー
재활[再活] : リハビリ
장년층[壯年層] : 中年層
응급실[応急室] : 救急センター
숙취[宿醉] : 二日酔い
노인수발보험[老人-保険] : 介護保険
조류 독감[鳥類毒感] : 鳥インフルエンザ
신종 플루[新種-] : 新型インフルエンザ
세계 보건 기구[世界保健機構] : 世界保健機関(WHO)
휠체어 : 車いす
중환자실[重患者室] : 集中治療室
보양식[保養食] : 養生食
요양 보호사 [療養保護士] : 介護ヘルパー
간병인[看病人] : 付き添い/介護人
식곤증[食困症] : 食後の眠気
치매[癡呆] : 痴呆/認知症
핫팩 : 使い捨てカイロ

체지방률 : 体脂肪率
앰뷸런스 : 救急車
약수[薬水] : 湧き水
선잠 : 浅い眠り
골초[-草] : ヘビースモーカー
에볼라 : エボラ

목발[木-] : 松葉杖
링거 : 点滴

영양제 : 栄養剤/サプリメント

우울증[憂鬱症] : うつ病
후유증 : 後遺症
침술원[鍼術院] : 鍼灸院
파스 : 湿布

SECTION8　経済

PART1　경제 강조

　올해 신년 연설에서 대통령이 24번이나 '경제'를 언급하며, 경제 분야에 역점을 뒀습니다.

　경제 활성화를 위해 불필요한 모든 규제를 풀겠다며 민간이 투자에 나서 줄 것을 주문했습니다. 줄고 있는 기업 투자를 다시 늘리려면 규제를 풀어야 한다는 게 대통령이 내놓은 처방입니다. 내수 경제의 핵심인 투자 활성화를 위해 더욱 과감하게 규제를 개선해 나가고 이를 위해 분야별로 규제 수량을 정하는 '규제총량제'를 도입해 국회 입법을 통한 우회 규제를 막겠다는 겁니다.

　복지 예산을 크게 늘리다 보니 정부 투자인 SOC 예산은 최근 3년 새 6조 원 넘게 급감했습니다. 재정 투자 여력이 떨어지는 상황에서 민간이 투자를 늘리는 것만이 경제 활성화의 유일한 해법이라는 겁니다.

　대통령은 일자리를 창출하는 것도, 해외 시장을 개척하고 창조 경제를 실현하는 것도 결국은 경제인의 어깨에 성패가 달려 있다고 했습니다. 대통령의 규제 개혁과 투자 확대 요청에 재계는 일제히 환영한다며 기업하기 좋은 여건을 만들어 달라고 건의했습니다.

Reference

신년 연설[新年演説]：年頭演説　　　　　언급하다：言及する/触れる

두다：置く

 ☞ 역점을 두다：力点を置く/重点を置く

불필요하다[不必要-]：不要だ

풀다：解く

 ☞ 규제를 풀다：規制を解く/規制を緩和する

나서다：出る/乗り出す　　　　　주문하다：注文する/求める

줄다：減る　　　　　　　　　　내놓다：打ち出す

처방：処方/解決案　　　　　　　내수：内需

과감하다：果敢だ/大胆だ　　　　개선하다：改善する

규제총량제：規制総量制(政府が規制件数の上限を定め、新しい規制を導入する際、似通った既存の規制を廃止する制度)

우회：迂回/遠回し　　　　　　　막다：防ぐ

SOC：社会間接資本 (Social Overhead Capital)

새：…する間/…の間　　　　　　급감하다：急減する/急激に減る

여력：余力/力　　　　　　　　　유일하다：唯一だ

해법[解法]：解決策　　　　　　창출하다[創出-]：作り出す

개척하다[開拓-]：開拓する/切り開く

경제인[経済人]：企業家/財界人　어깨：肩

성패[成敗]：成否

 ☞ 성패가 달려 있다：成否がかかっている

재계[財界]：経済界　　　　　　일제히：一斉に/こぞって

기업하다[企業-]：企業/経営する　여건[与件]：条件/環境

건의하다[建議-]：(意見を)申し述べる

PART2 올해 신흥국 통화 대부분 약세

올 한 해 주요 신흥국들의 통화 가치는 대부분 하락했지만 한국·중국·멕시코 통화 가치만 상승한 것으로 나타났습니다.

금융 투자업계와 블룸버그에 따르면 세계 주요 통화의 올해 달러 대비 통화 가치 변동률을 집계한 결과 신흥국 중 한국 원화, 중국 위안화, 멕시코 페소화 등 3개국 통화만 상승했고, 3개국을 제외한 나머지 신흥국 통화는 줄줄이 약세를 보였습니다. 특히 모건 스탠리가 5대 취약 통화로 지목한 인도 루피, 브라질 헤알, 터키 리라, 남아공 랜드, 인도네시아 루피아 등은 모두 10% 이상 추락했고, 아르헨티나 페소도 -23.49%로 집계 대상 통화 중 가장 큰 낙폭을 보였습니다.

이에 반해 한국과 중국은 탄탄한 경상 수지 흑자 기조로 다른 신흥국들과 차별화됐다는 평가 속에 미국의 통화 절상 압력을 받고 있습니다.

선진국 중에서는 아베노믹스로 엔저 정책을 추진하는 일본의 엔과 원자재 시장의 둔화로 경제 침체를 겪고 있는 호주 달러만이 두 자릿수 하락을 나타냈습니다.

SECTION 8　経済

Reference

신흥국 : 新興国

약세[弱勢] : 下落傾向/(通貨)安

멕시코 : メキシコ

블룸버그 : ブルームバーグ(Bloomberg, 経済・金融情報の配信、通信社・放送事業を手がけるアメリカの大手総合情報サービス会社)

달러 대비[-対比] : 対ドル

집계하다 : 集計する

위안화[-貨] : 人民元

제외하다[除外-] : 除く

줄줄이 : そろって/軒並み

모건 스탠리 : モルガン・スタンレー

　　　　　　　　　　　　　　　　　(Morgan Stanley, アメリカに拠点をおく世界的金融機関)

5대 취약 통화[-大脆弱通貨] : 脆弱な5通貨

지목하다[指目-] : 注目する/指す

헤알 : レアル

리라 : リラ

랜드 : ランド

추락하다 : 墜落する/下落する

낙폭[落幅] : 落ち幅

경상 수지 : 経常収支

차별화되다[差別化-] : 差別化する/一線を画す

절상[切上] : 切り上げ

엔저[円低] : 円安

둔화 : 鈍化/不振

겪다 : 経験する/(苦難に)遭う

두 자릿수[-数] : 二桁

통화 : 通貨

한 해 : 一年

변동률 : 変動率

원화[-貨] : ウォン

페소화[-貨] : ペソ

나머지 : 残りの

루피 : ルピー

터키 : トルコ

남아공[南阿共] : 南アフリカ共和国

루피아 : ルピア

아르헨티나 : アルゼンチン

탄탄하다 : 丈夫だ/堅実だ

기조 : 基調/傾向

아베노믹스 : アベノミクス

원자재 시장[原資材市場] : 原材料市場

침체[沈滞] : 低迷

호주[豪州] : オーストラリア

나타내다 : 現す

+α

[語幹②]-려면　〈…する(ため)には〉

　　例 경기가 회복되려면 내수 확대가 선행되어야 한다.
　　　 景気回復のためには内需の拡大が先決である。

[語幹①]-다(가) 보니(까)　〈…していたら/…したところ〉

　　例 국내 문제를 우선하다 보니 국제 문제에 대한 대응이 늦어졌다.
　　　 国内問題を優先していたら、国際問題に対する対応が遅れた。

[語幹③] 달라　〈…してくれ〉

　　例 담당자에게 신속히 문제를 해결해 달라고 촉구했다.
　　　 担当者に迅速に問題を解決してくれと求めた。

[体言]-에 따르면　〈…によれば〉

　　例 일기 예보에 따르면 내일은 비가 온다고 한다.
　　　 天気予報によれば明日は雨が降るという。

[体言]-에 반해　〈…に反して〉

　　例 기대에 반해 팀의 성적은 좋지 않았다.
　　　 期待に反し、チームの成績は良くなかった。

News Background

韓国の経済発展

　韓国は朝鮮戦争以降、経済的に立ち後れていたが、1970年代に、漢江の奇跡(한강의 기적)と呼ばれる高度経済成長を成し遂げた。1980年代から国内で中流意識が広がり、国外からは新興工業経済地域(NIEs)の1つに数えられるようになった。その後も経済発展は勢いを増し、1996年にアジアで2番目のOECD(経済協力開発機構)加盟国になった。

　ところが、1997年にはアジア通貨危機(IMF위기)によって大きな打撃を受け、国内で連鎖倒産(연쇄 부도)が相次ぎ、失業者が増大した。そこで、政府は国際通貨基金(IMF)の介入を要請し、一部の財閥解体(재벌 해체)や解雇規制緩和(해고 규제 완화)を進め、少しずつ経済を回復させた。その後、韓国の製造業は業績を伸ばしていった。とくにサムスン電子などは、迅速な投資判断や的確なマーケティングで売上高と利益を順調に伸ばし、世界的企業に成長した。また現代・起亜グループはデザイン戦略で成功し、世界における自動車販売台数を大きく伸ばした。

　今日、韓国は情報技術、造船、鉄鋼、自動車などを主力産業とし、2013年の国内総生産は世界15位となっている。

Power Up

1. 次のうち、タイの通貨単位はどれでしょう。

   ① 파운드　　② 동　　③ 루블　　④ 바트

2. 下のリストから適切な表現を選び、文を完成させましょう。

   ① 농촌에서는 지역 여건에 맞는 교통 모델 발굴에 (　　　　　　)
   시내버스가 운행되지 않는 지역을 대상으로 25인승 소형 버스를 이용해 성과를 거뒀다.

   ② 정부는 부동산 시장의 대출 (　　　　　) 부동산 시장을 활성화 시키겠다고 한다.

   ③ 최근 효율적인 인력 배치에 사업의 (　　　　　)고 생각하는 기업들이 늘고 있다.

   > 규제를 풀어서, 성패가 달려 있다, 약세를 보이다,
   > 역점을 두고, 차별화되다

3. 日本語文の下線部に合わせ、韓国語文を完成させましょう。

   ① 韓国社会は急速な経済成長の過程で経済的利益を<u>重視したところ</u>、環境と安全が二の次になった。
   한국 사회는 급속한 경제 성장 과정에서 경제적 이익을 (　　　　　) 환경과 안전이 뒷전으로 밀렸다.

   ② 呼吸器疾患など環境に関わる病気を<u>予防するには</u>安全な食品を食べなければならない。
   호흡기 질환 등 환경과 관련된 질병을 (　　　　　) 안전한 식품을 먹어야 한다.

4. 以下の時事単語について、その社会背景も含めて調べてみましょう。

   ① IMF사태 [－事態]
   ② 명퇴 [名退]

SECTION 8　経済

News Vocabulary

환율[換率] : 為替レート

제자리걸음 : 横ばい

외환 위기[外換危機] : 通貨危機

담보 상태[踏步状態] : 足踏み状態

자유 출근제[自由出勤制] : フレックスタイム

세계 금융 위기 : 世界金融危機

선불 요금제[先払料金制] : プリペード制

노조[労組] : 労働組合

맞벌이 : 共稼ぎ/共働き

임시직 : 臨時職

정규직[正規職] : 正社員

월급 쟁이[月給-] : サラリーマン

시장 점유율[市場占有率] : マーケットシェア

사채 [私債] : 消費者金融

독과점[独寡占] : 寡占化

하도급[下都給] : 下請け

신용 등급[信用等級] : 格付

재테크[財-] : 財テク

호황[好況] : 好景気

1/4분기[-分期] : 第1四半期

노사정[労使政] : 政労使

칼퇴근[-退勤] : 定時退社

일용직[日傭職] : 日雇い

백수[白手] : 無職

융자[融資] : ローン

3D업종[-業種] : 3K職場

SECTION9　衣食住

PART1　개성 톡톡! 이색 김밥 총출동

저마다 화려한 내용물과 모습을 자랑하며 독특한 개성으로 입맛 사로잡는 이색 김밥들을 지금 소개합니다.

음식 맛 좋기로 유명한 전라북도 전주. 초저녁부터 몰려든 손님으로 꽉 찬 이곳의 주 메뉴는 연탄불로 직화 구이한 매콤한 고추장 불고기에 상추 쌈, 여기에다 가장 중요한 게 하나 더 추가됩니다. 상추 위에 고추장 불고기를 얹고 그 위에 김밥을 같이 싸 먹는 일명 '김밥 쌈'이 이 집의 독특한 별미입니다.

여러 종류의 김밥 중에서 눈에 띄는 메뉴는 김밥 한 줄에 만오천 원! 김 대신 '금'이라도 두른 걸까요? 남다른 전략으로 승리한다는 김밥 전문점. 도대체 어떤 비밀이 있는 건지 살펴보니 먼저, 1등급 한우에 새우, 오징어가 통째로 들어가고요, 그 외에도 달걀, 베이컨, 당근, 우엉 등 한 줄에 들어가는 재료가 무려 12가지! 뿐만 아니라 웰빙 시대에 맞춰 식 재료는 유기농을 고집하는 것이 이 집의 원칙이라고 합니다. 고급 식 재료로 맛과 양 두 마리 토끼를 모두 잡겠다는 전략입니다.

독특한 개성으로 입맛 사로잡는 이색 김밥! 앞으로 어떤 모습으로 우리들의 눈과 입을 즐겁게 만들지 김밥의 또 다른 변신을 기대해 봅니다.

Reference

톡톡 : ポンポン/(何かが)はじける様子や音

이색 : 異色/変わり種

저마다 : それぞれ

내용물[内容物] : 中身/具

독특하다 : 独特だ/ユニークだ

전라북도 : 全羅北道

초저녁[初-] : 日暮れ時

차다 : 満ちる/いっぱいになる

연탄불 : 練炭の火

매콤하다 : やや辛い/ピリ辛

얹다 : のせる

별미[別味] : 珍味

줄 : 列/本(細長いものを数えるときの単位)

남다르다 : 独特だ

살펴보다 : 調べる/よくみる

한우[韓牛] : 韓国産の牛肉

오징어 : イカ

달걀 : 卵

당근 : ニンジン

무려 : 実に/なんと

웰빙 : ウェルビーイング(wellbeing)/健康志向の

맞추다 : 合わせる

유기농[有機農] : 無農薬/オーガニック

총출동 : 総出動/勢ぞろい

화려하다[華麗-] : 華やかだ

자랑하다 : 自慢する/誇る

입맛(을) 사로잡다 : 舌を魅了する

전주 : 全州

꽉 : いっぱい/ぎっしり

주 메뉴[主-] : 看板メニュー

직화 구이 : 直火焼き

쌈 : 包んで食べる料理

일명[一名] : 別名

눈에 띄다 : 目立つ

두르다 : 巻く

도대체[都大体] : いったい

1등급[一等級] : 最高級

새우 : エビ

통째 : 丸ごと

베이컨 : ベーコン

우엉 : ゴボウ

식 재료[食材料] : 食材

고집하다 : 固執する/こだわる

PART2 편의점 1인 가구 상품 약진

　올해 편의점에서는 1인 가구를 위한 간편식 제품과 올해 처음 판매를 시작한 알뜰폰, 일부 의약품 등의 매출 강세가 두드러졌습니다.

　편의점 씨유(CU)는 올 들어 11월까지 상품별 판매량 순위를 집계한 결과, '컵얼음'의 매출이 지난해보다 33.2% 늘어나면서, 그간 부동의 1위를 지켜 왔던 '바나나맛 우유'를 제치고 1위를 차지했다고 밝혔습니다.

　씨유는 자체 상표 제품 매출이 32.5% 늘어나는 등 알뜰 제품이 강세를 이어 갔고, 도시락(55.7%)·삼각김밥(24.7%)·가정 간편식(32.5%) 등 1~2인용 가구를 위한 간편식 매출이 크게 증가했다고 설명했습니다. 올부터 판매를 시작한 알뜰폰도 선 판매 두 달만에 초기 물량을 소진했습니다. GS25에서도 매출 1위는 '아이스컵'이 차지했고, 바나나맛 우유는 3위로 밀렸습니다.

　자체 상표인 '함박웃음 맑은샘물' 2ℓ제품이 '깜짝 2위'를 차지했습니다. 세븐일레븐 측은 이례적으로 2ℓ들이 대용량 생수와 봉지면 수요가 증가했다며 1인 가구가 늘어나면서 전통적으로 대형 마트에서 구입하던 이들 물품의 수요가 편의점으로 옮겨 오는 추세라고 분석했습니다.

Reference

1인 가구[一人家口] : 単身世帯

약진 : 躍進

알뜰 : やりくり上手

   ☞ 알뜰폰 : 節約型の格安フォン

매출[売出] : 売上

두드러지다 : 目立つ

늘어나다 : 増える/のびる

자체 상표[自体商標] : 自社ブランド

선 판매[先販売] : 先行販売/予約販売

함박웃음 : 満面の笑み

깜짝 : びっくり/予想外

들이 : …入り

봉지면[封紙麺] : インスタント麺

대형 마트[大型-] : 大型スーパーマーケット

물품[物品] : もの/商品

추세[趨勢] : 傾向

간편식[簡便食] : 調理済み食品

강세[強勢] : 上昇傾向

컵얼음 : カップに入った氷

제치다 : 押しのける

삼각김밥[三角-] : おにぎり

밀리다 : 押される

샘물 : 湧き水

이례적[異例的] : 異例の

생수[生水] : ミネラルウォーター

옮겨 오다 : 移ってくる

+α

語幹① -기로 〈…ことで〉
> 例 돼지 갈비가 맛있기로 소문난 식당에서 모임을 가졌다.
> 豚カルビがおいしいことで噂の食堂で会合をもった。

体言 -에다(가) 〈…にさらに〉
> 例 이 집 해물스파게티에는 연어 알에다 성게까지 들어 있다.
> この店のシーフードスパゲティはイクラにさらにウニまで入っている。

語幹② -니(까) 〈…すると〉
> 例 창문을 여니 함박눈이 내리고 있었다.
> 窓を開けるとボタン雪が降っていた。

Mini Quiz06

膳の足が折れるほど並んだ、このような料理の形態を何というでしょう。

SECTION 9　衣食住

News Background

ウェルビーイング

　ウェルビーイング(Well-being)は、幸福の追求・生活の充足、健康維持を包括する概念で、肉体的・精神的な健康の調和を意味する。その背景の1つとして、現代社会で起こっている公害や環境災害などに対する意識の高まりがあげられる。韓国におけるウェルビーイングの概念は、2000年以降マスコミを通じて導入されはじめられたとされ、現在も持続的に広がっている。純粋な韓国語には、本物(참)と生活(살이)という単語からなるチャムサリ(참살이)という言い方があり、「真の生活」という意味を含んでいる。

　ウェルビーイング文化が本格的に広がりはじめたのは2003年以降で、衣類、健康、旅行、食品など生活に関する多くの商品が開発され紹介されている。韓国におけるウェルビーイング文化は、国民所得(GDP)2万ドルの達成が間近であった時期からで、豊かな生活とともに質のよい生活を求める世代にマッチしたといえる。また、ウェルビーイング文化は企業にとって不況から抜けでるチャンスとなり、多くのウェルビーイング商品が開発され販売された。とくに健康にかかわる自然食品などへの関心は格別で、福祉・幸福・安寧を追及するウェルビーイング文化は、ウェルビーイング族という用語まで生み出した。その反面、ウェルビーイングの概念が商業的に使用されることを懸念する意見もではじめている。

Power Up

1. 次のうち、仕事場を兼ねたマンションはどれでしょう。

   ① 원룸텔   ② 고시텔   ③ 리빙텔   ④ 오피스텔

2. 下のリストから適切な表現を選び、文を完成させましょう。

   ① 소문난 맛집들은 무엇인가 사람들의 (   ) 비결이 있는 것 같다.

   ② 요 몇 년 사이에 IT산업은 다른 산업에 비해 (   ) 성장했다.

   ③ 여동생은 결혼 후부터 몸무게가 (   ) 요즘 살을 뺀다고 열심이다.

   > 입맛을 사로잡는, 치고 올라오게, 뿐만 아니라, 눈에 띄게, 늘어나서

3. 日本語文の下線部に合わせ、韓国語文を完成させましょう。

   ① 江南は高級マンションが<u>多いことで</u>知られている場所だ。
   강남은 고급 맨션이 (   ) 알려진 곳이다.

   ② 新任の課長は健康美に<u>さらに</u>優秀な頭脳を<u>兼ね備えた</u>女性だ。
   신임 과장님은 건강미(   ) 우수한 두뇌까지 겸비한 여성 분이다.

4. 以下の時事単語について、その社会背景も含めて調べてみましょう。

   ① 보금자리주택[-住宅]
   ② 분리수거[分離收去]

SECTION 9　衣食住

News Vocabulary

음식물 쓰레기[飲食物-]：生ゴミ

재활용 쓰레기[再活用-]：リサイクルゴミ

허기[虛気]：空腹感　　　　　타는 쓰레기：燃えるゴミ

안 타는 쓰레기：燃えないゴミ　　페트병[-瓶]：ペットボトル

찌꺼기：屑/残りもの　　　　　헌옷 수거함[-収去函]：古着回収箱

폐건전지 수거함[廃乾電池収去函]：使用済み電池の回収箱

쓰레기 종량제：ゴミ従量制

로하스：LOHAS(健康と環境を重視し、その持続可能を目指すライフスタイル)

먹자골목：食べ物横丁/食堂街　　군것질：間食

퓨전 요리[-料理]：無国籍料理/創作料理

불량 식품[不良食品]：ジャンクフード

개량 한복[改良韓服]：着やすく改良した伝統衣装

짝퉁：偽物/イミテーション　　찜질방[-房]：サウナ

오락실[娯楽室]：ゲームセンター

가사 도우미[家事-]：家事お手伝いさん

다세대 주택[多世代住宅]：集合住宅

주택청약저축[住宅請約貯蓄]：住宅購入のための積立貯金

옥탑방[屋塔房]：屋上部屋(屋上に増築した安価な部屋)

거북이 운전[-運転]：ノロノロ運転

장롱 면허[欌籠免許]：お蔵入りした免許/ペーパードライバー

SECTION10　外交·国際

PART1　이례적 2시간 회담

　한미 정상 간 회담은 보통의 두 배인 두 시간 동안 계속됐습니다.

　오바마 대통령은 싸이의 강남스타일을 딸들로부터 배웠다며 한류 문화에 대한 관심도 표명했습니다.

　정상 회담에서는 박근혜 대통령 쪽으로 몸을 기울여 경청하는 오바마 대통령의 자세가 시선을 끕니다. 박 대통령은 "흉금을 털어놓고 다양한 공동의 관심사들에 대해서 깊이 있는 대화를 나눴다"고 했습니다.

　회담은 당초 계획에 없던 백악관 로즈가든 산책으로 이어졌고, 박 대통령은 오늘 하늘색 상의의 정장을 입었습니다. 동포 간담회 때의 미색 한복, 만찬 때의 화려한 꽃무늬 한복과 같이 행사 성격에 맞춰 의상을 차별화했습니다.

　오바마 대통령은 우리 문화에 대한 깊은 이해와 친밀감을 드러냈고, 한국에서 61세인 환갑은 장수를 기념하는 날로 안다며 한미 동맹 60주년의 의미를 부여하기도 했습니다. 박 대통령은 은으로 된 액자와 행운을 부르는 반상기 등을 오바마 대통령에게 선물했고 김치를 직접 담근다는 미쉘 여사에겐 한국 요리 책을 전달했습니다.

SECTION 10　外交・国際

Reference

정상 간[頂上間]：首脳間の
배：倍
싸이：サイ(PSY, 韓国の歌手名)
강남스타일：江南スタイル(PSYのヒット曲)
표명하다：表明する/表す
정상 회담[頂上会談]：首脳会談
경청하다：傾聴する
시선을 끌다：視線を引く/注目される
흉금을 털어놓다：胸襟を開く
깊이：深く/深み
나누다：分ける/分かち合う
　☞ 대화[対話]를 나누다：話を交わす
당초：当初
로즈가든：ローズガーデン
상의[上衣]：上着
동포：同胞/在外国民
미색[米色]：アイボリー
꽃무늬：花柄
성격：性格
　☞ 성격에 맞추다：趣旨に合わせる/目的に合わせる
친밀감[親密感]：親密さ
장수：長寿
은：銀
반상기[飯床器]：食器セット
전달하다[伝達-]：渡す

보통：普通/通常の
오바마：オバマ

기울이다：傾ける
자세：姿勢

관심사：関心事/懸案

백악관[白堊館]：ホワイトハウス
하늘색：空色
정장：正装
간담회：懇談会
만찬：晩餐

환갑[還甲]：還暦
부여하다[付与-]：付ける
액자[額子]：額縁
미쉘 여사[-女史]：ミシェル夫人

85

PART2 북한에 '이색 말투' 확산

　북한에서 휴대 전화 사용 인구가 늘고 생활 형편도 조금씩 나아지면서 주민들의 언어생활에도 변화의 바람이 불고 있습니다.
　인간관계의 상하 구별이 모호한 말투가 유행하는가 하면 여성들 사이에서는 휴대 전화를 받을 때 '애교'를 부리는 말투까지 퍼지고 있는 것으로 알려졌습니다.
　북한 계간지 '문화어학습'에 실린 '평양 문화어의 순결성을 고수해 나가자'라는 제목의 논문은 최근 북한 주민들의 언어생활에서 나타나는 '이색적인 요소'를 근절해야 한다며, 북한의 일부 여성들이 버스 안이나 공공장소에서 휴대 전화를 받을 때 "여보쇼오~"라며 "매우 이상하게 말끝을 길게 꼬아 올린다"고 지적했습니다.
　남에게 잘 보이거나 귀여움을 받으려고 일부러 애교 티를 내는 이런 말투는 외유내강한 조선 여성의 고상한 정신미, 아름다운 도덕적 풍모와는 거리가 먼 것이라고 비판했습니다. 그러나 북한 언어생활의 변화는 북한에서 신세대가 등장하고 경제 형편이 나아진 데 따른 자연스러운 결과라는 해석도 나오고 있습니다.

SECTION 10 外交・国際

Reference

말투 : 言い方
형편[形便] : 都合/暮らし向き
애교를 부리다 : 愛嬌をふりまく
계간지 : 季刊誌
실리다 : 掲載される
고수하다[固守−] : 固く守る
근절하다 : 根絶する/取り除く
여보쇼오 : もしもし(標準語では여보세요)
꼬아 올리다 : ひねり上げる
잘 보이다 : よく見られる/良い印象を与える
귀여움을 받다 : 可愛がられる
티를 내다 : 素振りをみせる/…ぶる
외유내강 : 外柔内剛(外見は物柔らかでも心の中がしっかりとしていること)
고상하다 : 高尚だ/上品だ
거리[距離]가 멀다 : ほど遠い

늘다 : 増える
모호하다[模糊−] : 曖昧だ
퍼지다 : 広まる
문화어 : 文化語(北朝鮮の標準語)
순결성 : 純潔性
제목 : 題目/タイトル
공공장소[公共場所] : 公の場
말끝 : 語尾/言葉尻
남 : 他人/人
일부러 : わざわざ/わざと
풍모 : 風貌/姿
등장하다 : 登場する

+α

[体言]-와/-과 같이 〈…のように/…みたいに〉

　例 최근에는 아파트와 같이 관리가 편한 곳을 선호한다.
　　 最近はマンションのように管理の楽な所を好む。

[語幹①]-기도 하다 〈…しもする〉

　例 유럽 순방 중에 대통령은 독일 통일의 상징인 브란덴부르크문을 시찰하기도 했다.
　　 ヨーロッパ歴訪中、大統領はドイツ統一のシンボルであるブランデンブルク門を視察もした。

[(動・存)語幹①]-는가 하면 / [(形・指)語幹②]-ㄴ가 하면 〈…するかと思えば〉

　例 대학생들 중에는 공부에 집중하는 사람이 있는가 하면 동아리 활동이나 아르바이트에 열심인 사람도 있다.
　　 大学生の中には勉強に専念する人がいるかと思えばサークル活動やバイトにいそしむ人もいる。

[体言]-(에) 따른 〈…に伴う/…による〉

　例 지구 온난화에 따른 기후 변화로 여름철 열대야의 일수가 증가하고 있다.
　　 地球温暖化に伴う気候変動により夏の熱帯夜の日数が増加している。

News Background

韓国の外交

　韓国の外交においてもっとも重要な事案は、軍事境界線(군사 분계선：38度線)を挟んで隣接する朝鮮民主主義人民共和国(北朝鮮)のことで、朝鮮戦争(1950年6月25日〜1953年7月27日)休戦を経て、現在は敵対的な関係にある。

　資本主義体制にあるアメリカとは、建国期や朝鮮戦争期に最大の支援国となったことからも今日まで緊密な関係を結んできた。日本とは、1965年の日韓基本条約締結に伴い国交を樹立した。両国には経済的にも強い結びつきが必要と考えられているが、歴史的経緯から複雑な感情が残っている。

　一方、社会主義や共産主義体制の国家とは、長らく国交がなかったが、1980年代後半からはこれらの国々と国交正常化を進めていく北方外交(북방 외교)を展開した。長らく北朝鮮の後ろ盾となっていたソビエト連邦とは1990年、朝鮮戦争で北朝鮮側に人民軍を派遣した中国とは1992年に国交正常化した。とくに中国は、貿易相手としても欠かせない存在となり、急速に関係構築を行っている。民間レベルでも中国語学習者が急増するなど、接近をみせている。

　現在、韓国は、国連加盟国のうち、マケドニア、シリア、キューバの3ヵ国と国交を結んでおらず、西サハラや中華民国(台湾)、北朝鮮、パレスチナは国家と認めていない。

　領土問題としては、日本と竹島(독도)、中国と離於島(이어도、中国名：蘇岩礁)の領有権をめぐる問題を抱えている。

Power Up

1. 次のうち、外交をつかさどる政府機関の略語はどれでしょう。
   ① 여가부   ② 보복부   ③ 문체부   ④ 외통부

2. 下のリストから適切な表現を選び、文を完成させましょう。
   ① 아프간의 첫 민주적 정권 교체는 세계의 (   ).
   ② 일본 총리가 미국 대통령을 도쿄의 작은 스시집으로 초청한 것은
      (   ) 얘기할 기회가 필요하다는 이유에서였다.
   ③ 조사에 따르면 저소득층 세금 부담이 큰 것으로 나타나 이는 정부의
      '친서민 정책'과는 (   ) 것이 드러났다.

   > 흉금을 털어놓고, 대화를 나눴다, 시선을 끌었다,
   > 성격에 맞춘, 거리가 먼

3. 日本語文の下線部に合わせ、韓国語文を完成させましょう。
   ① 統一案としてはドイツ式の吸収統一か、中国・香港のように2つの政治と経済体制が共存する方法がある。
      통일 방안으로서는 독일식의 흡수 통일이나 중국·홍콩(   ) 두 개의 정치와 경제 체제가 공존하는 방안이 있다.
   ② ヒートアイランド現象により都心は大変に暑いかと思えば、農村では冷害にさいなまれもする。
      히트 아일랜드 현상으로 인해 도심은 아주 (   ) 농촌에서는 냉해에 (   ).

4. 以下の時事単語について、その社会背景も含めて調べてみましょう。
   ① 통일 대박론 [統一大舶論]
   ② 20-50클럽

SECTION 10　外交・国際

News Vocabulary

장관급 회담[長官級会談] : 閣僚級会談

6자 회담[-者会談] : 6ヶ国協議

오염수 유출[汚染水流出] : 汚染水漏れ

실무 회담[実務会談] : 実務者協議　　강경 모드[強硬-] : 強硬姿勢

G20 정상 회담[頂上会談] : G20サミット

선심형 정치[善心型政治] : バラマキ政治

매파[-派] : 鷹派　　　　　　　　　강경파[-派] : 強硬派

비둘기파[-派] : 鳩派　　　　　　　온건파 : 穏健派

연착륙[軟着陸] : ソフトランディング　경착륙[硬着陸] : ハードランディング

벼랑 끝 외교[-外交] : 瀬戸際外交　　햇볕정책[-政策] : 太陽政策

포용 정책 : 包容政策/太陽政策　　　사전 조율 [事前調律] : 根まわし

물밑 교섭 [-交渉] : 水面下の交渉　　걸프전 [-戦] : 湾岸戦争

배타적 경제 수역 : 排他的経済水域(EEZ)

연평도 포격 사건 : 延坪島砲撃事件

방공 식별 구역 [防空識別区域] : 防空識別圏

해양 경찰(해경) : 海洋警察(海警)(日本の海上保安官に相当する)

SECTION11　スポーツ

PART1　한국 축구 '골 결정력' 부족

　어제 열린 월드컵 축구 예선전에서 한국 축구 대표팀은 장신 공격수를 앞세워 우즈베크를 압박했지만, 상대 골문은 좀처럼 열리지 않았고, 오히려 위기를 맞기도 했습니다. 팽팽했던 0의 균형은 뜻밖의 골로 깨졌습니다.

　미드 필더 김 선수의 크로스를 공격수 이 선수가 넣은 줄 알았는데, 알고 보니 우즈베크 선수의 자책골이었습니다. 이 자책골이 없었더라면, 한국 축구는 월드컵 개막을 1년 앞두고 8회 연속 본선 진출에 먹구름이 드리울 뻔했습니다.

　우리나라는 현재 A조 선두를 달리고 있고, 이란이 2위로 도약해 지금으로서는 두 나라가 본선에 직행할 가능성이 높습니다. 오는 18일 이란과 맞대결에서 우리는 비기기만 해도, 조 1위로 본선에 진출하고, 이란에 져도, 우즈베키스탄이 카타르에 지거나 비기면 조 2위로 본선에 자력으로 나갑니다. 그러나 우리가 이란에 많은 골을 내주며 지고, 우즈베키스탄이 큰 골 차로 이기면 골 득실 차에 밀려 3위가 될 수도 있습니다. 끝까지 방심할 수 없는 이유입니다.

SECTION 11　スポーツ

📝 Reference

골 : ゴール
　☞ 골을 내주다 : ゴールを許す

결정력 : 決定力

예선전[予選戦] : 予選

공격수[攻撃手] : フォワード

우즈베키스탄(우즈베크) : ウズベキスタン

압박하다 : 圧迫する/攻める

골문[-門] : ゴール

위기를 맞다 : 危機に直面する

균형 : 均衡/バランス

깨지다 : 壊れる/破れる

크로스 : クロス

자책골[自責-] : オウンゴール(Own goal, サッカーなどの競技スポーツにおいて自陣のゴールに誤って失点してしまうこと)

앞두다 : 控える
　☞ 개막을 앞두다 : 開幕を控える

회 : 回

조[組] : グループ

맞대결[-対決] : 真っ向勝負

카타르 : カタール

골 득실 차[-得失差] : 得失点差

월드컵 : ワールドカップ

장신 : 長身

앞세우다 : 全面に出す

상대[相対] : 相手

좀처럼 : なかなか

팽팽하다 : 五分五分だ/伯仲している

뜻밖 : 予想外

미드 필더 : ミッドフィールダー

먹구름이 드리우다 : 暗雲が垂れこめる

이란 : イラン

비기다 : 引き分ける

큰 골 차[-差] : (ゴールの)大差

방심[放心] : 油断

93

PART2 '대관령 눈꽃 축제' 개막

　전국 최고의 겨울 축제인 '대관령 눈꽃 축제'가 1월 동계 올림픽 개최지인 강원도 평창에서 열립니다.

　축제 위원회는 '세계인의 축제, 2018평창 동계 올림픽의 성공 개최를 염원하는 눈 나라의 꿈'을 주제로 다양한 프로그램을 마련했다고 밝혔습니다. 남대문, 자유의 여신상, 개선문 등 세계의 유명 건축물을 눈으로 조각해 전시하고, 올림픽 존에는 엠블럼과 올림픽 종목을 대형 부조로 조각 전시하며, 아이언맨 등 영화 캐릭터도 눈 조각으로 재탄생할 예정입니다.

　축제는 3일 만설제를 시작으로 사냥 놀이 등 지역의 전통 문화 및 축하 공연으로 화려하게 개막되며, '한겨울 알몸 마라톤 대회'가 열립니다. 인근에서는 얼음 썰매, 스노 봅슬레이, 팽이치기 등 어린이를 위한 체험 놀이가 마련되며 전통 먹거리 장터에서는 손두부와 메밀부침, 황태 요리 등 평창 음식을 맛볼 수 있습니다.

　축제 기간 양 떼 목장을 비롯해 레저 스포츠 체험과 황태 체험 마을을 운영, 가족 단위 관광객들이 신바람 나는 체험을 즐기도록 할 예정입니다.

Reference

대관령 : 大關嶺
동계[冬季] : 冬の
세계인[世界人] : 世界の人々
마련하다 : 設ける/用意する
개선문 : 凱旋門
엠블렘 : エンブレム
조각 : 彫刻
재탄생[再誕生] : 復活
사냥 : 狩り
개막되다 : 開幕する
알몸 : 裸
인근[隣近] : 付近/近場
스노 봅슬레이 : スノーボブスレー
체험 : 体験
장터[場-] : 市場
메밀부침 : そば粉チヂミ
양 : 羊
신바람(이) 나다 : 陽気にはしゃぐ

눈꽃 축제[-祝祭] : 雪祭り
강원도 : 江原道
다양하다 : 多様だ/様々だ
자유의 여신상 : 自由の女神象
올림픽 존 : オリンピックゾーン
부조[浮彫] : レリーフ
아이언맨 : アイアンマン
만설제 : 万雪祭
및 : 及び
한겨울 : 真冬
마라톤 : マラソン
썰매 : そり
팽이치기 : コマまわし
먹거리 : 食べ物
손두부[-豆腐] : 手作りの豆腐
황태[黃太] : 干したスケトウダラ
떼 : 群れ

+α

[連体形] 줄 알다 〈…とばかり思う〉

 例 시합이 벌써 끝난 줄 알았는데 아직도 하고 있었다.
  試合はもう終わったとばかり思ったらまだやっていた。

[語幹①] -고 보니(까) 〈…してみたら〉

 例 처음에는 많이 화가 났는데 이야기를 듣고 보니 이해가 되었다.
  最初はかなり腹が立ったが話を聞いてみたら理解できた。

[語幹③] -ㅆ더라면 〈…したならば/…していたら〉

 例 조금만 일찍 출발했더라면 버스를 놓치지 않았을 것이다.
  もうすこし早く出発していたらバスを逃さなかっただろう。

[語幹②] -ㄹ 뻔했다 〈…するところだった/…しそうだった〉

 例 골키퍼의 선방이 아니었다면 실점으로 이어질 뻔했다.
  ゴールキーパーの好セーブがなかったら失点につながるところだった。

[語幹①] -기만 해도 〈…するだけでも〉

 例 올림픽 금메달을 보기만 해도 좋겠다.
  オリンピックの金メダルを(この目で)見るだけでも嬉しい。

[体言] -를/-을 비롯해(서) 〈…をはじめ〉

 例 이번 전시회에는 한국의 현대자동차를 비롯해 전 세계의 유명 업체가 참가했다.
  今回の展示会には韓国の現代自動車をはじめ、全世界の有名企業が参加した。

SECTION 11　スポーツ

News Background

韓国のスポーツ事情

　韓国では、サッカー・野球・バスケットボールが盛んで、それぞれにプロリーグをもっている。1982年にプロ野球が開幕し、1983年にはプロサッカーのKリーグ、1996年にバスケットボールリーグ(KBL)が開幕した。

　サッカー韓国代表は、ワールドカップにアジアで最多出場を果たしている。2002年には日韓共同でワールドカップ開催を実現し、この大会で代表チームはオランダ出身のヒディンク監督の下、イタリアやスペインといった強豪国を破り、過去最高の4位の成績を収めた。サポーターは「赤い悪魔(붉은 악마)」と呼ばれ、「大韓民国(대~한민국)」や「オー、必勝コリア(오~, 필승 코리아)」といった熱狂的なコールが注目された。Kリーグのチームには、水原三星ブルーウィングス、仁川ユナイテッドFC、蔚山現代FC、浦項スティーラース、全南ドラゴンズ、FCソウルなどがある。

　野球の韓国代表は、2000年のシドニー五輪で初のメダルとなる銅メダルを獲得し、2008年の北京五輪では念願の金メダルを獲得した。プロチームには、斗山ベアーズ(ソウル)、三星ライオンズ(大邱)、ロッテ・ジャイアンツ(釜山)、ハンファ・イーグルス(大田)、起亜タイガース(光州)などがある。

　格闘技としては、2000年のシドニー五輪から正式競技となったテコンドー、相撲に似たシルム(씨름)がある。

　冬のスポーツでは、2010年のバンクーバー五輪において女子フィギュアスケートで韓国史上初の金メダルを獲得した。そのほか、ショートトラックやスピードスケートも強い。

Power Up

1. 次のうち、夏のオリンピック競技でないものはどれでしょう。

   ① 피겨　　② 리듬 체조　　③ 역도　　④ 양궁

2. 下のリストから適切な表現を選び、文を完成させましょう。

   ① 월드컵 축구 (　　　　　　　) 개최국은 손님 맞이 준비에 여념이 없다.

   ② 팬들의 기대대로 시합이 전개되자 관중들은 (　　　　　　　) 응원했다.

   ③ 최근 국가 대표 선수들의 부상이 연달아 본선 진출에 (　　　　　　　) 있다.

   | 위기를 맞아, 개막을 앞두고, 먹구름이 드리우고, 신바람 나서, 다양한 |

3. 日本語文の下線部に合わせ、韓国語文を完成させましょう。

   ① 相手チームのペナルティキックが<u>防げなかったら</u>優勝を<u>逃がすところだった</u>。

   상대 팀의 페널티 킥을 (　　　　　) 우승을 (　　　　　　).

   ② 今大会には昨年の優勝者<u>をはじめ</u>、有名な選手が多数参加する。

   이번 경기에는 작년 우승자(　　　　　　) 유명한 선수가 다수 참가한다.

4. 以下の時事単語について、その社会背景も含めて調べてみましょう。

   ① 88올림픽

   ② 붉은 악마[-悪魔]

SECTION 11　スポーツ

News Vocabulary

수비수[守備手]:ディフェンダー	리그전[-戦]:リーグ戦/総あたり戦
토너먼트:トーナメント	조별 리그[組別-]:予選リーグ
4강[-強]:ベスト4	8강[-強]:ベスト8
승부차기[勝負-]:PK戦	만루포[満塁砲]:満塁打/満塁弾
1회 초[-回初]:1回表	1회 말[-回末]:1回裏
추가 시간[追加時間]:アディショナルタイム	
무승부[無勝負]:引き分け/ドロー	
시범 경기[示範競技]:模範競技/オープン戦	
해외파[海外派]:海外組	원정 경기[遠征競技]:アウェー
홈경기[-競技]:ホーム試合	친선 경기[親善競技]:親善試合
승부 조작[勝負操作]:八百長	선수촌:選手村
현수막[懸垂幕]:横断幕	
동계 올림픽[冬季-]:冬のオリンピック	
하계 올림픽[夏季-]:夏のオリンピック	
실업팀[実業-]:実業団	심판:審判/レフェリー
아군[我軍]:味方	적군[敵軍]:敵
홀인원:ホールインワン	골프 채:ゴルフクラブ

SECTION 12 多文化

PART 1 10살 '아키'에게 한국은?

이제 열 살인 방글라데시 출신 아키(가명). 외국인 노동자인 아버지를 따라 우리나라에 와서 초등학교에 입학했지만 생소한 환경에서 뭔가를 배운다는 게 쉽지 않습니다. 이런 아이들이 우리 사회의 일원으로 융합할 수 있도록 하는 것. 바로 '다문화 교육'입니다.

다문화 교육의 지향점은 아이가 가진 문화와 언어에 따른 특성을 살려 주면서 우리 사회에 잘 적응할 수 있도록 해 주는 것이라고 볼 수 있습니다. 하지만, 우리가 다문화 교육이라고 하면서 시도하고 있는 다양한 프로그램들이 엄밀히 따져 보면 '한국화교육'인 경우가 대부분입니다.

외모도 생각도 먹는 음식도 다른 아이들. 다양할 수밖에 없는 아이들을 획일화하는 듯한 교육에 대한 반성은 교육 현장에서도 나오고 있고 대안을 찾기 위한 고민은 계속되고 있습니다. 다문화 학생을 위해 인력을 투입하고 예산을 들여야 합니다. 다문화 아이들의 경쟁력, 그리고 그 아이들이 주는 다양성이 국가 경쟁력으로 직결된다고 해도 과언이 아닙니다.

SECTION 12　多文化

Reference

아키 : アキ(人名)

가명 : 仮名

초등학교[初等学校] : 小学校

융합하다[融合-] : 溶け込む

살리다 : 活かす

따져 보다 : 問い詰める/突き詰める

외모[外貌] : 外見

대안 : 代案

인력[人力] : 人材

들이다 : (資金などを)かける

방글라데시 : バングラデシュ

따르다 : したがう/つく

일원 : 一員

지향점[指向点] : 目指すところ

엄밀히 : 厳密に

경우[境遇] : 場合/ケース

획일화 : 画一化

고민[苦悶] : 悩み

투입하다 : 投入する

직결되다 : 直結する

Mini Quiz07

多文化を象徴したモニュメント、これはどこにあるでしょう。

PART2 2040년 한국 사회, 이민 정책 따라 명암 뚜렷

　인구 감소에 따른 노동력 공백을 채울 외국인 노동자를 적극적으로 대거 유치하는 개방적 이민 정책과, 해외 우수 인력에 대한 선별적 이민 정책 중에서 미래학자들은 후자의 손을 들어 줬습니다.

　첫 번째 시나리오는 개방적인 이민 정책을 통해 고령화에 따른 노동력 감소를 막지만, 저가 노동력 유입으로 국내 노동자의 실업률이 오르고 중산층이 붕괴한다는 우울한 전망을 보여 줍니다. 외국인 대거 유입으로 국내 저소득층과 일자리 경쟁을 벌여 기존 저소득층 노동자의 임금을 감소시키고, 이로 인해 빈부 격차가 확대된다는 것입니다.

　두 번째는 인구는 줄지만 해외 고급 인력 유치와 기업들의 생산성 향상 노력으로 풍요롭고 쾌적한 사회가 계속된다는 시나리오입니다.

　정부는 2015년부터 고급 인력 중심의 선별적 이민 정책을 펼치기 시작합니다. 기술 진보에 의한 노동 생산성 상승으로 노동 분배율이 향상되면서 근로자들의 임금이 크게 오릅니다. 또한 장시간 노동으로부터 해방돼 사람들은 보다 많은 여가 시간을 가져 풍요로운 삶을 즐기게 됩니다.

Reference

명암 : 明暗
공백 : 空白
유치하다 : 誘致する
미래학자 : 未来学者
손을 들어주다 : 支持する/軍配を上げる
시나리오 : シナリオ
감소를 막다 : 減少を防ぐ
저가 노동력[低価労働力] : 低賃金の労働力
중산층[中産層] : 中産階級
우울하다 : 憂鬱だ
임금 : 賃金
확대되다[拡大-] : 広がる
풍요롭다[豊饒-] : 豊かだ
펼치다 : 広げる/展開する
또한 : また

뚜렷하다 : 明らかだ
채우다 : 満たす/埋める
선별적 : 選別的
후자 : 後者
고령화 : 高齢化
붕괴하다 : 崩壊する
벌이다 : くり広げる
빈부 격차[貧富格差] : 貧富の差
쾌적하다 : 快適だ
근로자[勤労者] : 労働者
해방되다 : 解放される

+α

[語幹②]-ㄹ 수밖에 없다 〈…するしかない〉

> 例 이번 정상 회담은 연기할 수밖에 없다.
> 今回の首脳会談は延期するしかない。

[連体形] 듯하다 〈…のようだ/…そうだ〉

> 例 최근 승부 조작 문제가 큰 이슈가 된 듯하다.
> 最近、八百長問題が大きな話題になったようだ。

[한다体]-고 해도 과언이 아니다 〈…するといっても過言ではない〉

> 例 그 제도는 혈세만 낭비한다고 해도 과언이 아니다.
> その制度は血税を無駄にするばかりだといっても過言ではない。

[体言]-(으)로 인해 〈…によって〉

> 例 때 아닌 홍수로 인해 농민들은 많은 피해를 입었다.
> 時期外れの洪水によって農民たちは多くの被害を受けた。

[体言]-에 의한 〈…による〉

> 例 시민들에 의한 서명 운동이 결실을 맺었다.
> 市民による署名運動が実を結んだ。

News Background

外国人移住者の増加

　1990年代以降、外国人研修制度を通じて労働力不足に悩む工場が外国人移住労働者を積極的に雇用するようになった。一方、嫁不足に悩む農村部でも東南アジアを中心とする外国人女性の受け入れに頼っており、在韓外国人は急激に増加した。『1990年度出入国統計資料』にみる居留外国人数は4万9507人にすぎなかったが、2013年度の統計では157万6034人に増加し、韓国の全人口約5022万人(統計庁2013年)の約3.1％を占めるようになった。ちなみに2013年12月に公表された法務省の在留外国人統計によれば、日本の外国人登録者数は約233万人で、約1億2730万人(総務省統計局2013年10月)の総人口から考えると、日本の外国人割合は約1.8％となる。

　1991年に海外投資企業にかぎって許可された研修生の受け入れが、1993年に制定された産業研修生制度によって中小企業にまで広がった。しかし、2001年には不法滞在者が30万人を超えたため、制度の見直しを図り、2004年からは非熟練外国人労働者を受け入れる雇用許可制を導入した。また2008年からは中国の朝鮮族や旧ソ連の高麗人(고려 사람)などの外国国籍同胞(외국 국적 동포)を対象に職種やビザ期限、再入国手続きなどで優遇した。

　外国人移住者の増加は、韓国社会に多くの摩擦をもたらす一方で、多様な価値観ももたらしてくれる。全国に設置された多文化家族支援センターでは、韓国語教育、多文化社会理解教育、就業創業支援サービスなどを行い、多文化共生に向けての模索が続いている。

Power Up

1. 次のうち、韓国政府が行う脱北者政策の対象者を指す言葉はどれでしょう。
   ① 외국인 근로자　② 불법 체류자　③ 새터민　④ 이재민

2. 下のリストから適切な表現を選び、文を完成させましょう。
   ① 나이가 비슷해서 언니라고 부르지만 (　　　　　　　) 이모가 된다.
   ② 맛이 담백하고 고추를 많이 사용하는 베트남 요리는 한국 사람 입맛에 (　　　　　　　).
   ③ 출산율 (　　　　　　　) 자녀의 양육비를 지원하기로 했다.

   ┌───┐
   │ 맞는 듯하다,　엄밀히 따져 보면,　경쟁을 벌여,　감소를 막기 위해 │
   └───┘

3. 日本語文の下線部に合わせ、韓国語文を完成させましょう。
   ① 就職率を上げるため、社会全体でより効率的な対策を立てるしかない状況だ。
   취업률을 높이기 위해 사회 전체가 보다 효율적인 대책을
   (　　　　　　　) 상황이다.
   ② 大学入試の結果に受験生の未来がかかっているといっても過言ではない。
   대학 입시 결과에 수험생의 미래가 달려 있다(　　　　　　　).

4. 以下の時事単語について、その社会背景も含めて調べてみましょう。
   ① 무지개 청소년센터 [-青少年-]
   ② 다문화 가정 상담사 [多文化家庭相談士]

News Vocabulary

농어촌 고령 총각[農漁村高齢総角]：農漁村の高齢未婚男性

혼혈：混血/ハーフ　　　　귀화：帰化

이방인：異邦人　　　　이역만리[異域万里]：遠い異国

착취：搾取

고용 허가제：(外国人労働者の)雇用許可制

자원봉사[自願奉仕]：ボランティア　이중 언어[二重言語]：バイリンガル

파업[罷業]：ストライキ　　　취학률：就学率

산업 재해(산재)[産業災害(産災)]：労災

입양[入養]：養子縁組　　　맞선：お見合い

귀향길[帰郷]：里帰り　　　신붓감[新婦-]：花嫁候補

고부 간의 갈등[姑婦間-葛藤]：姑嫁問題

비숙련 노동자：非熟練労働者　혜택[恵沢]：恩恵

가정 내 폭력：家庭内暴力/DV　취약 계층[脆弱階層]：社会的弱者層

순회 선생님[巡回先生-]：巡回教師(いくつかの学校を巡回して教える教師)

시간 외 수당[時間外手当]：残業手当

터전：生活の拠り所/基盤　　고용주[雇用主]：雇い主

외노협[外労協]：外国人移住労働者対策協議会

출입국 관리국[出入国管理局]：入国管理局/入管

언어 장벽[言語障壁]：言葉の壁

SECTION 13　文化·芸術

PART 1　'김장 문화'는 인류 무형 유산

　　김장 문화가 유네스코의 인류 무형 유산으로 등재됐습니다. 우리 전통 음식 문화가 인류가 지키고 보존해야 할 유산으로 인정받은 겁니다. 유네스코는 세대를 걸쳐 내려온 김장이 이웃 간 나눔의 정신을 실천하는 문화라고 평가했습니다.

　　김장의 기원이라고 할 수 있는, 겨울을 앞두고 채소를 소금에 절여 저장하던 풍습은 삼국 시대부터 있었습니다. 이후 조선 시대 김장은 한 해의 중요한 행사가 됐고 조선 후기에 이르러 오늘날과 같이 통배추를 이용한 김장 김치가 등장했습니다. 우리 민족이 김장을 해 온 역사가 짧게 잡아도 천 년은 되는 셈입니다.

　　김치가 지정되면 우리나라는 기존의 아리랑과 판소리 등 모두 16건의 인류 무형 유산을 보유하게 됩니다. 김치가 국내에선 중국산에 밀리고, 해외에선 일본의 '기무치'에 고전했던 만큼 그 의미가 각별합니다. 김장 문화의 등재로 우리 김치가 국제적인 음식 브랜드로 위상을 확고히 할 것으로 기대됩니다.

SECTION 13　文化・芸術

Reference

김장：キムジャン(毎年秋に越冬用として大量のキムチを漬ける習慣)

인류 무형 유산[人類無形遺産]：人類の無形文化遺産(民族文化財、口承伝統などの 無形のものを保護対象とすること)

유네스코：ユネスコ(国連教育科学文化機関)

등재되다[登載−]：登録される	음식 문화[飲食文化]：食文化
지키다：守る	인정받다[認定−]：認められる
걸치다：わたる	내려오다：下りてくる/伝わってくる
나눔의 정신：分かち合いの精神	앞두다：控える
채소[菜蔬]：野菜	소금：塩
절이다：漬ける	저장하다：貯蔵する
오늘날：今日	통배추：丸ごとの白菜

잡다：つかむ/見積もる

아리랑：アリラン(朝鮮半島で最も有名な民謡の1つ)

판소리：パンソリ(韓国特有の唱劇に合わせて歌った伝統芸能の1つ)

고전하다：苦戦する	각별하다：格別だ
브랜드：ブランド	위상[位相]：地位/位置付け

확고히[確固−]：確かに

PART2 전쟁 중에도 아리랑은

우리 민족의 희로애락과 함께 해 온 아리랑.

6.25 전쟁의 포화 속에서도 아리랑은 울려 퍼졌습니다. 당시 군악대에서도 연주됐음을 보여 주는 악보가 공개됐습니다. 1953년 7월 27일, UN군과 북한 측 대표가 참석한 정전 협정장. 양측이 동시에 연주한 곡은 바로 아리랑이었습니다. 참전했던 외국 군인들이 지금도 기억할 만큼 아리랑은 전쟁 속 한국의 이미지 그 자체였습니다. 그런 아리랑을 전쟁 중에도 군악대가 연주하기 위해 사용했던 악보가 발견됐습니다.

다섯 장의 악보에는 피콜로, 클라리넷 등 국군 7사단 군악대의 파트별 멜로디가 표시돼 있습니다. 일부분만 전해져 전체적인 곡의 분위기를 알기는 어렵지만 전쟁 중에도 아리랑은 다양하게 편곡되고 연주됐던 것으로 추정됩니다. 생사가 엇갈리던 전쟁터에도 마음을 달래 주던 민족의 노래, 아리랑이 있었습니다.

Reference

희로애락 : 喜怒哀楽

6.25 전쟁[-戦争] : 朝鮮戦争(1950年に勃発した韓国と北朝鮮の間の戦争)

포화 : 砲火

울려 퍼지다 : 鳴り響く

군악대 : 軍楽隊

악보 : 楽譜

UN군[-軍] : 国連軍

참석하다[参席-] : 出席する

정전 협정장[停戦協定場] : 休戦協定が調印された場所

양측[両側] : 双方

참전하다 : 参戦する

그 자체[-自体] : そのもの

피콜로 : ピッコロ

클라리넷 : クラリネット

파트별 : パート別

멜로디 : メロディ

표시되다 : 表示される

편곡되다 : 編曲される

추정되다[推定-] : 推測される

생사[生死]가 엇갈리다 : 生と死を分かつ

전쟁터[戦争-] : 戦地

마음을 달래다 : 心を慰める

+α

[語幹②]-ㅁ 〈…すること〉

例 이 사건은 병역 비리가 많음을 보여 주는 일례에 지나지 않는다.
この事件は兵役逃れが多いことを見せてくれる一例にすぎない。

[連体形] 셈이다 〈…するわけだ/…するようなものだ〉

例 이걸로 빚은 청산한 셈이다.
これで借金は清算したわけだ。

[連体形] 만큼 〈…だけに/…ほど〉

例 사고가 컸던 만큼 후유증도 오래갔다.
事故が大きかっただけに、後遺症も長く続いた。

Mini Quiz08

金運を上昇させる豚の貯金箱、とくに何色がよいでしょう。

アリラン

　アリランは朝鮮半島を代表する民謡として海外にも知られ、そのメロディと歌詞は恨(한)の感情を表わすとされる。歌詞にでてくるアリラン峠は実在しないともいわれる。歌の起源も定かでなく、高麗王朝末期に江原道の民謡や咸鏡道地方の農民歌に求めたりもする。また、アリランにはもともと楽譜がなく、初めての楽譜はアメリカ人宣教師ホーマー・ハルバートが1896年に出版した『朝鮮留記』の「KOREAN VOCAL MUSIC」に載せられたものとされる。アリランが半島全土に広がったきっかけは、1926年に公開された映画「アリラン」の主題歌となったことで、それが下記に紹介した、今日でも一番よく知られているアリラン、本調アリラン(본조 아리랑)である。珍島アリランや密陽アリランのほか、近年ではピアノ演奏やロック調までさまざまなバージョンがあり、4拍子にアレンジされてサッカーの応援歌になったり、オリンピックやアジア大会などで南北合同行進をするときに流れたりする。2009年のカンガンスルレ(강강술래：女性たちが中秋の日に円形になって歌い踊る民俗芸能)、2011年のテッキョン(택견：足技を多用する伝統武芸)に続き、2012年にユネスコに登録されている。

「アリラン」歌詞
아리랑 아리랑 아라리요(アリラン アリラン アラリヨ)
아리랑 고개로 넘어간다(アリラン峠を越えて行く)
나를 버리고 가시는 님은(私を捨てて行かれる方は)
십리도 못 가서 발병 난다(十里も行けずに足が痛む)
※日本と異なり、1里＝約400m

Power Up

1. 次のうち、韓国固有の楽器でないものはどれでしょう。

   ① 가야금　　② 대금　　③ 해금　　④ 풍금

2. 下のリストから適切な表現を選び、文を完成させましょう。

   ① 이 프로젝트를 (　　　　　　) 많은 사람들이 농촌의 지역 문화에 대한 관심을 갖게 됐다.

   ② 인천국제공항 여객 터미널에 전통 가옥을 관람하고 (　　　　　　) 전통문화를 체험할 수 있는 공간이 마련됐다.

   ③ 중요한 국제회의를 (　　　　　　) 관련 부서 책임자들은 철야를 해 가며 그 준비가 한창이다.

   > 앞두고, 계기로, 적당히, 동시에, 설마

3. 日本語文の下線部に合わせ、韓国語文を完成させましょう。

   ① 契約を成立させただけでも半分は成功したようなものだ。

   　계약을 성사시킨 것만으로도 반은 성공한 (　　　　　　).

   ② 天候が暑かっただけに、冷たいビールを飲みたがる客が多かった。

   　날씨가 (　　　　　　) 시원한 맥주를 마시려는 손님들이 많았다.

4. 以下の時事単語について、その社会背景も含めて調べてみましょう。

   ① 한국의 세계 문화 유산 [韓国-世界文化遺産]

   ② 사물놀이 [四物-]

News Vocabulary

합주단 : 合奏団/アンサンブル
모음곡[-曲] : 組曲
코러스 : コーラス
무언극[無言劇] : パントマイム
고수[高手] : 達人/名人
앵콜 : アンコール
시향[市響] : 市交響楽団
교향악단 : 交響楽団
힙합 : ヒップホップ
조조할인 : 早朝割引
하위 문화[下位文化] : サブカルチャー
거리 공연[-公演] : ストリートパフォーマンス
인간문화재[人間文化財] : 人間国宝
인디 밴드 : インディーズバンド
달맞이 : 月見
궁합[宮合] : 男女の相性

관현악 : 管弦楽
테너 : テナー/テノール
솔로 : ソロ
일인극[一人劇] : 一人芝居
춤사위 : 踊りの型
커튼콜 : カーテンコール
추모 공연[追慕公演] : 追悼公演
장기 공연[長期公演] : ロングラン
랩 : ラップ

무형 문화재 : 無形文化財
혼수[婚需] : 結納
돌잔치 : 1歳の祝い

SECTION 14　社会問題

PART1　악성 루머 철저히 추적해야

　사실에 근거하지 않은 악성 루머들이 우리 사회를 멍들게 하고 있습니다.

　최근에 불거진 이른바 연예인 성매매 사건도 마찬가집니다. 이름만 들어도 알 만한 유명 연예인이 관련됐다는 소문이 퍼져 당사자들이 억울함을 호소하며 최초의 루머 유포자를 처벌해 달라고 수사를 요청하는 일이 벌어졌습니다. 수사 결과는 당초 소문과는 판이하게 달랐습니다. 눈에 띄는 여성 연예인도 유명 기업인도 없었습니다. 대중의 말초적 흥미에다 확인도 되지 않은 스토리가 뒤섞이면서 전혀 관련 없는 사람들의 신상이 무차별적으로 유포됐고 이에 현혹된 대중은 집단적인 관음증에 빠져들었습니다.

　절제되지 않은 호기심은 다른 사람과 사회에 살인 못지 않게 큰 해악을 끼칠 수 있습니다. 당사자들의 명예를 짓밟고 관음증을 자극하여 건전한 도덕과 교양에 해를 끼칩니다. 사법 당국은 악성 루머를 엄정하게 처벌하여 다시는 명예 훼손을 당하는 억울함이 없도록 해야 할 것입니다.

SECTION 14　社会問題

Reference

악성 루머[悪性-] : 悪質なデマ/誹謗中傷

철저히[徹底-] : 徹底的に

멍들게 하다 : 傷つける/むしばませる

연예인[演芸人] : 芸能人/タレント

마찬가지 : 同様

억울함[抑鬱-] : 悔しさ/無念さ

루머 유포자[-流布者] : デマを流した人/デマ発信者

수사 : 捜査

기업인[企業人] : 企業家

말초적 흥미[末梢的興味] : いたずらな好奇心

스토리 : ストーリー/筋書き

관련 없다 : 関連のない/関係ない

무차별적[無差別的] : 無差別に/あることないこと

유포되다[流布-] : 流される/言いふらされる

현혹되다[幻惑-] : 惑わされる

빠져들다 : 陥る

호기심 : 好奇心

해악[害悪] : 害

짓밟다 : 踏みにじる

엄정하다 : 厳正だ

명예 훼손 : 名誉毀損

근거하다[根拠-] : 基づく/根拠を置く

불거지다 : あらわになる/明るみになる

성매매[性売買] : 売買春

소문[所聞]이 퍼지다 : うわさが広まる

호소하다[呼訴-] : 訴える

판이하다[判異-] : 全く違う

뒤섞이다 : 取り交ぜられる/混同される

신상[身上] : 身の上話

관음증[観淫症] : 窃視症/覗き見症

절제되다[節制-] : 節度が保たれる

[体言] 못지 않게 : …に劣らず

끼치다 : 及ぼす

사법 당국 : 司法当局

다시는 : 二度と

당하다[当-] : 被る/遭う

PART2   내신·수능 점수도 보고—軍 입대 '좁은 문'

　군 입대도 '좁은 문'이 됐습니다. 인기 병과는 내신 성적과 수능 점수가 좋아야 입대할 수 있을 만큼 경쟁이 치열합니다. 경제적 어려움과 취업난에 자원 입대자들이 몰리기 때문입니다.

　대학교 1학년에 재학 중인 김 모(21) 씨는 경제적 어려움을 겪는 부모의 학비 부담을 덜어 주기 위해 2학기 등록을 포기하고 휴학해 육군 모집병에 지원했으나 병무청으로부터 입영 예정자가 많이 밀려 있어 입대하려면 더 기다려야 한다는 통보를 받았습니다. 김 씨는 어쩔 수 없이 아르바이트를 하며 입영을 기다리고 있습니다.

　김 씨처럼 군에 가고 싶어도 못 가는 지원자들이 점점 늘고 있습니다. 충북 지방 병무청에 따르면 올해 1월부터 9월까지 입대 지원자 수는 1만 2,234명에 달해 지난해 같은 기간보다 40%(8,714명)가량 증가했습니다. 그러나 그중 실제 입영한 숫자는 3,593명에 불과합니다. 경쟁률이 무려 4대 1에 달합니다.

SECTION 14 社会問題

Reference

내신 : 内申
병과 : 兵科
경제적 어려움 : 経済的困難/生活苦
자원 입대자[自願入隊者] : 入隊志願者
모 : 某
포기하다[抛棄-] : あきらめる
지원하다 : 志願する
병무청 : 兵務庁(国防省傘下の行政機関で、兵の徴収や召集、兵務行政を司る)
입영 : 入営/入隊
통보 : 通報/通知
충북 지방[忠北地方] : 忠清北道地方
지난해 같은 기간 : 去年の同じ時期/昨年同期
가량[仮量] : 程/くらい
숫자[数字] : 数値/数

입대 : 入隊
치열하다 : 熾烈だ/激しい
취업난[就業難] : 就職難
몰리다 : 集まる/殺到する
덜다 : 減らす
육군 모집병 : 陸軍募集兵
밀리다 : つまっている/溜まる
어쩔 수 없이 : 仕方なく
달하다 : 達する
그중[-中] : そのうち
경쟁률 : 競争率

+α

語幹③-야 〈…しなければ〜ない/…してこそ〉

例 먼저 돈이 있어야 사업을 시작할 수 있다.
先にお金があってこそ、ビジネスが始められる。

語幹②-ㄹ 만하다 〈…するに値する〉

例 다리가 아프지만 참을 만하다.
足が痛いが、我慢できそうだ。

語幹②-나 〈…が〉

例 언론이 피해자의 억울함을 호소했으나 정부는 아무런 대응도 취하지 않았다.
マスコミが被害者の無念を訴えたが、政府は何の対応もとらなかった。

Mini Quiz09

完全に復元されましたが、焼失の際には社会問題になった、ここはいったいどこでしょう。

News Background

韓国の徴兵制度

　朝鮮戦争によって朝鮮半島の国土が南北に分断され、今もなお北朝鮮との対峙が続いている韓国では、すべての成人男性に兵役義務が課せられている。韓国の徴兵制度では、満18歳で徴兵検査対象者となり、満19歳までに検査で兵役の判定を受ける。心理検査、身体検査、適性分類、兵役処分判定という4段階の精密な検査と共に、医師による診断や、経歴や資格などの適性検査をもとに等級が判定されるが、判定結果が、1～3級は「現役(현역：現役兵)」、4級は「補充役(보충역：公益勤務要員)」、5級は「第二国民役(有事時出動)」、6級は兵役免除者、7級は再検査対象者となり、1～4級判定者は、30歳の誕生日前までに入隊しなくてはならない。満20歳～28歳の学生と一部の大学浪人生は、入隊時期を延期することも可能である。服務期間も、陸軍の場合の21ヵ月から、専門研究要員としての代替服務36ヵ月まで、多様である。徴兵は、実際に軍隊に服務する現役、または公共機関や社会サービスに服務する補充役を終了後も、除隊後8年間は「予備役(예비역：予備軍)」、その後40歳までは「民防衛(민방위)」として服務義務がある。

Power Up

1. 次のうち、**教育熱**と関係のない言葉はどれでしょう。
   ① 기러기 아빠　　② 펭귄 아빠　　③ 캥거루족　　④ 치맛 바람

2. 下のリストから適切な表現を選び、文を完成させましょう。
   ① 아이들을 (　　　　　　　　) 학교 폭력은 따돌림이나 사이버 폭력처럼 점차 집요하고 음성화되어 가고 있다.
   ② 범죄 발생을 최소화하기 위해서는 치안 인프라 확충 (　　　　　　　　) 사회·문화적 토양과 국민들의 인식 개선이 필요하다.
   ③ 아동복지법 제17조는 '아동의 정신 건강 및 발달에 (　　　　　　　　) 정서적 학대 행위'를 하지 못하도록 규정하고 있다.

   > 해를 끼치는, 당하는, 못지 않게, 멍들게 하는, 소문이 퍼진

3. 日本語文の下線部に合わせ、韓国語文を完成させましょう。
   ① 今回、設けられたインターネット犯罪防止対策法は<u>期待するに値する</u>。
   이번에 마련된 인터넷 범죄 방지 대책법은 (　　　　　　　　).
   ② 時間は<u>流れたが</u>まだ心の傷は残っている。
   시간은 (　　　　　　　　) 아직도 마음의 상처는 남아 있다.

4. 以下の**時事単語**について、その社会背景も含めて調べてみましょう。
   ① 갑을 문제 [甲乙問題]
   ② 노블레스 오블리주

SECTION 14 社会問題

News Vocabulary

양극화[両極化]:二極化

피싱:振り込め詐欺

안전 불감증[安全不感症]:安全意識欠如

노숙자[露宿者]:路上生活者/ホームレス

기초 생활 수급자[基礎生活受給者]:生活保護受給者

근로 빈곤층[勤労貧困層]:ワーキングプア

기생 독신[寄生独身]:パラサイトシングル

성희롱[性戯弄]:セクハラ

중년 이혼[中年離婚]:熟年離婚

속도 위반[速度違反]:スピード違反/できちゃった婚

신용 불량자[信用不良者]:不良債務者

원정 출산[遠征出産]:海外出産

병역 기피[兵役忌避]:兵役逃れ

성상납[性上納]:性的接待

주폭[酒暴]:飲酒による暴行

조폭[組暴]:組織暴力団

노름:ギャンブル

하우스 푸어:住宅債務者/住宅ローンの負債に苦しむ人

부실 공사[不実工事]:手抜き工事

낙하산 인사[落下傘人事]:天下り人事

인구론[人口論/人九-]:人文系卒業生の90%仕事なし

학폭[学暴]:校内暴力

무상 급식 문제[無償給食問題]:給食無料化問題

일벌레:仕事の虫/ワーカホリック

다단계 판매[多段階販売]:マルチ商法

묻지마 범죄[-犯罪]:無差別犯罪

SECTION 15　若者

PART 1　엉짱에 말벅지까지—신체 신조어 '홍수'

　요즘 유행하는 말 중에 유난히 신체 부위를 빗댄 말들이 많습니다. 꿀벅지에 이어 말벅지라는 말이 등장했는가 하면 얼짱, 엉짱 등도 자주 쓰이고 있는데요. 외모를 중시하는 사회 분위기라지만 지나친 드러내기로 민망하다는 평을 듣기도 합니다. 한 TV 프로그램에서 운동 시범을 보이면서 유명해진 박지은 교수는 엉덩이가 멋져서, '엉짱 교수'로 누리꾼들 사이에서 급속히 퍼져 나갔습니다.

　신체를 비유한 말은 이 뿐만이 아닙니다. 빙상 스타 선수 같은 튼튼한 허벅지를 가리키는 '말벅지', 초콜릿 조각처럼 잘 만들어진 복근을 뜻하는 '초콜릿 복근', 균형 잡힌 골반을 상징하는 '황금 골반' 등 갖가지 말이 생겨났습니다.

　몸짱에서 한발 더 나아가 신체 부위별로 적나라하게 묘사하는 게 요즘 유행어의 특징입니다. 몸이 또 다른 경쟁력이 되면서 신체 일부를 드러내는 것이 다반사가 됐고, 여기다 연예계를 중심으로 '몸 마케팅'까지 확산되면서 신체 관련 신조어가 쏟아지고 있습니다.

Reference

짱 : 最高(俗語)
　☞ 엉짱 : 美尻(엉덩이<お尻>+짱)、얼짱 : イケメン/美人、몸짱 : ナイスバディ
말벅지 : たくましい太もも(말<馬>+허벅지<太もも>)
　☞ 꿀벅지 : ピチピチした太もも(꿀<蜜>+허벅지)
신조어[新造語] : 新語　　　　　　　홍수 : 洪水
유난히 : とりわけ　　　　　　　　빗대다 : たとえる/言い表す
쓰이다 : 使われる
민망하다[憫惘-] : みていられない/気恥ずかしい
평[評] : 評価/評判　　　　　　　　TV 프로그램 : テレビ番組
박지은 : パク・チウン(人名)　　　 멋지다 : 素敵だ/格好よい
누리꾼 : ネチズン/ネットユーザー　퍼져 나가다 : 広がる
비유하다 : 比喩する/たとえる　　　빙상[氷上] : アイスリンク/アイススケート
튼튼하다 : 丈夫だ/たくましい　　　조각 : かけら
초콜릿 복근 : チョコレート腹筋(板チョコのように割れた腹筋)
잡히다 : つかまる/とれる　　　　　황금 골반 : 黄金の骨盤(かたちのよい骨盤)
갖가지 : いろいろな　　　　　　　한발 더 나아가 : 一歩進んで/さらに
적나라하다 : 赤裸々だ　　　　　　묘사하다 : 描写する
다반사 : 茶飯事　　　　　　　　　연예계[演芸界] : 芸能界
몸 마케팅 : ボディーマーケティング　쏟아지다 : 降りそそぐ/あふれる

PART2　한국 달력은 연인 기념일로 가득 차

　로이터 통신이 2일 서울발 기사에서 한국은 밸런타인데이 말고도 매달 연인들 간에 그냥 넘겨서는 안될 이런저런 기념일이 많은 나라라고 소개했습니다.

　통신은 연인에게 다이어리를 선물하는 다이어리데이, 밸런타인데이, 화이트데이, 연인이 없는 남녀가 만나 자장면을 먹는 블랙데이 등이 이미 널리 알려져 있다고 소개했습니다. 이어 이들 이외에도 연인이 초록색 옷을 입고 숲을 거니는 그린데이, 은으로 만든 제품을 교환하는 실버데이 등 매달 기념일이 있으며, 가늘고 긴 과자를 교환하는 빼빼로데이도 있다고 전했습니다. 게다가 첫 만남 또는 첫 데이트 이후 날짜 수에 따라 100일, 200일, 300일, 1천일을 기념합니다.

　그 결과 e-메일이나 문자 메시지를 통해 기념일들을 미리 알려주는 인터넷 사이트까지 생겼다고 보도했습니다. 기념일이나 특별한 날들이 1년에 21개에 달한다고 전하면서, 기업들이 매출 급증에 고무돼 사랑과 상품을 묶어서 매출을 올리는 방안을 찾고 있다는 분석도 했습니다.

Reference

달력[-曆] : カレンダー
로이터 통신 : ロイター通信
밸런타인데이 : バレンタインデー(2月14日)
넘기다 : 越す/やりすごす
선물하다[膳物-] : プレゼントする
화이트데이 : ホワイトデー(3月14日)
자장면[-麵] : (韓国式)ジャージャー麺(짜장면とも表記する)
블랙데이 : ブラックデー(4月14日)
초록색[草緑色] : 緑色
거닐다 : 散策する
실버데이 : シルバーデー(7月14日)
빼빼로데이 : ポッキーデー(11月11日)
날짜 수[-数] : 日数
고무되다[鼓舞-] : 励まされる/刺激される
묶다 : 縛る

가득 차다 : 一杯だ
발[発] : …発/…からの
이런저런 : そんなこんな/あれこれ
다이어리데이 : ダイアリーデー(1月14日)

널리 : 広く
숲 : 林
그린데이 : グリーンデー(8月14日)
가늘다 : 細い
게다가 : 加えて/さらに
문자 메시지[文字-] : 携帯メッセージ

매출[売出]을 올리다 : 売上を伸ばす

+α

体言 -(이)라지만(라고 하지만の縮約形) 〈…というが〉

例 국내 최대 아울렛이라지만 그다지 크지 않았다.
国内最大のアウトレットというが、さほど大きくなかった。

体言 말고도 〈…ではなくとも/…以外にも〉

例 오늘은 발표 말고도 할 일이 많다.
今日は発表以外にもやることが多い。

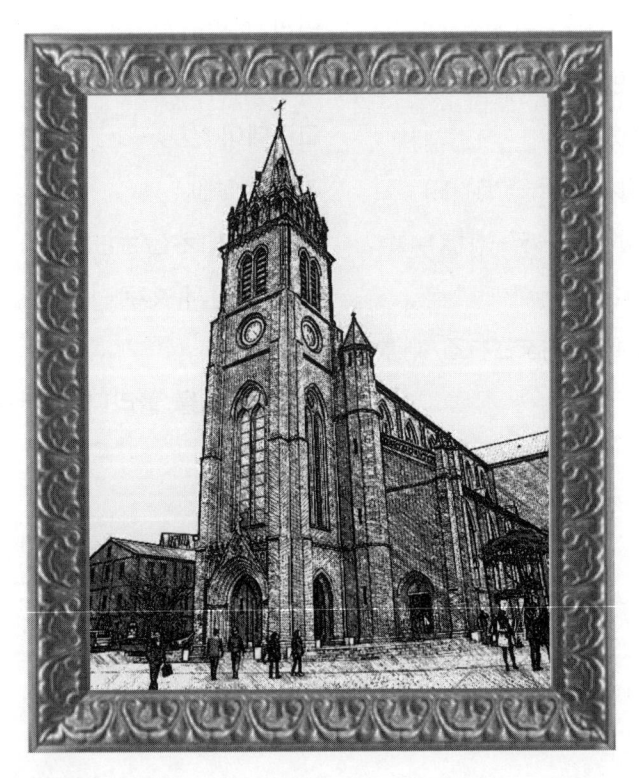

Mini Quiz10

若者で賑わう場所の一角にある、ここはいったいどこでしょう。

News Background

韓国の若者事情

これまで韓国では、若者層を世代で捉えることが多かった。たとえば、1990年代当時に30歳代で、1980年代に大学に通い、1960年代生まれの世代をコンピュータのCPUになぞらえて386世代(삼팔육 세대)といったり、それが2000年代に40歳代になると、486世代と呼んだりした。1990年代中盤以降にでてきた新世代はX世代で、2002年のワールドカップに熱狂した若年層はW世代となった。

このようなネーミングはよく行われ、次々とバリエーションがつくられる。オレンジ族(오렌지족：江南に移ってきた富裕層の子弟)が登場した後、ミカン族(감귤족：江南土着の富裕層の子弟)、キンカン族(낑깡족：オレンジまでは至らない人)が登場した。味噌女(된장녀：外国のブランド製品が好きな見栄っ張りな女性)がいれば、醤油女(간장녀：節約に執着する女性)がいて、合わせ味噌(쌈장녀：将来のために経済力を持とうと最善を尽くす女性)がいる。

さまざまなカテゴリーをつくって社会を笑って乗り切ろうとする、元気さを感じさせる韓国の若者も今日は少し落ち込んでいる。男性のニート(백수)に女性のニート(백조)、近年ではスペック(스펙：個人の能力や資格、学歴)をあげるために、スチューデントプア(스튜던트 푸어：スペックをあげるために多額のスクール代を払って借金地獄に落ちた学生)といった存在まででてきた。

Power Up

1. 次のうち、「20代の大半が無職だ」という意味の言葉はどれでしょう。
   ① 이태백   ② 삼팔선   ③ 사오정   ④ 오륙도

2. 下のリストから適切な表現を選び、文を完成させましょう。
   ① 그 작은 산골에서 국회 의원에 이어 대통령까지 나왔기 때문에 전국적으로 (   ).
   ② 취업난(   ), 중소기업에서는 일손 부족이 심각하다.
   ③ 실기 위주의 교육에서 (   ) 현장 체험 학습을 추가하기로 했다.

   > 게다가, (이)라지만, 말고도, 이어, 한발 더 나아가,
   > 이런저런, 널리 알려졌다

3. 日本語文の下線部に合わせ、韓国語文を完成させましょう。
   ① うちの兄以外にも、就職ができない若者が多い。
      우리 오빠 (   ) 취업을 못하고 있는 젊은이가 많다.
   ② 皆、彼を金持ちというけれど、実際はそれほどお金が多くはない。
      다들 그 사람을 부자(   ), 사실은 그렇게 돈이 많지는 않다.

4. 以下の時事単語について、その社会背景も含めて調べてみましょう。
   ① 병역 비리 [兵役非理]
   ② 88만 원 세대 [-万-世代]

News Vocabulary

게임 중독 : ゲーム中毒	골드미스 : 独身のお金持ちである女性
싱글맘 : シングルマザー	정모[定−] : 会員による定期集会
배꼽 친구[−親旧] : 幼なじみ(へそまで見せ合った竹馬の友)	
깜짝 파티 : サプライズパーティー	
엄친아 : 母の友人の息子(엄마 친구의 아들의 略)	
엄친딸 : 母の友人の娘(엄마 친구의 딸의 略)	
외부모[−父母] : 片親	청춘사업[青春事業] : 恋愛
공주병[公主病] : お姫様気取り	왕자병[王子病] : 王子様気取り
마마보이 : マザコン	스펙 : スペック
졸업 유예[卒業猶予] : 自主留年	생얼 메이크 업[生−] : すっぴんメイク
픽업아티스트 : ピックアップアーティスト(ナンパの達人)	
절친[切親] : 非常に親しい友人	친친[親親] : 親しい友人
만화방[漫画房] : 漫画喫茶	치맥[−麦] : チキンとビール
대기 화면[待機画面] : 待ち受け画面	디카 : デジタルカメラ
셀카 : 自撮り	셀카봉[−棒] : 自撮り棒
삼포 세대[三抛世代] : 恋愛・結婚・出産をあきらめた若い世代	
남친[男親] : 彼氏	여친[女親] : 彼女
꽃미남[−美男] : イケメン	훈남[薫男] : 癒し系男子

SECTION16　天気·災害

PART1　日 후쿠시마 해역 규모 7.1 강진—태풍까지

　대지진이 났던 일본 후쿠시마 앞바다에서 오늘 새벽 강진이 또 일어났습니다.

　후쿠시마현 고리야마시, 강한 흔들림이 1분여 간 이어졌습니다. 오늘 새벽 2시10분에 발생한 지진은 후쿠시마현 동쪽 290km 지점 바다에서 일어났으며, 규모 7.1로 밝혀졌습니다. 일본대지진 진앙지와 가까운 곳입니다. 도호쿠 지방에서 진도 4, 도쿄에서도 진도 3의 큰 흔들림이 느껴졌습니다.

　연안엔 지진 해일 주의보가 발령되는 바람에 진앙지와 가까운 후쿠시마 원전에도 비상이 걸렸습니다. 지진 해일 주의보에 원전 작업원들이 긴급 대피했습니다.

　엎친 데 덮친 격, 태풍 프란시스코의 영향으로 100mm 이상의 호우가 내리면서 탱크 주변 오염수가 넘쳐 긴급 방출시켰습니다. 태풍으로 간토 지방을 중심으로 주택들도 침수되고, 다리가 부서지는 등 피해가 났습니다.

Reference

해역 : 海域

규모 : 規模/マグニチュード

강진 : 強震/強い地震

대지진[大地震] : 大震災

 ☞ 대지진이 나다 : 大地震が出る/起きる

앞바다 : 沖合

새벽 : 未明

후쿠시마현[-県] : 福島県

고리야마시[-市] : 郡山市

흔들리다 : 揺れる

1분여 간[-分余間] : 1分間あまり

이어지다 : つながる/続く

동쪽[東-] : 東/東方

일본대지진[日本大地震] : 東日本大震災

진앙지[震央地] : 地震の震源地

가깝다 : 近い

도호쿠 지방[-地方] : 東北地方

진도 : 震度

느껴지다 : 感じられる

연안 : 沿岸

지진 해일 주의보[地震海溢注意報] : 津波注意報

발령되다 : 発令される

원전[原電] : 原発

비상[非常]이 걸리다 : 非常事態になる

대피하다[待避-] : 避難する

엎친 데 덮친 격[-格] : 泣き面に蜂

태풍 프란시스코[台風-] : 台風27号(2013年)

호우 : 豪雨

탱크 : タンク

오염수 : 汚染水

방출시키다 : 放出させる

간토 지방[-地方] : 関東地方

침수되다 : 浸水する

다리 : 橋

부서지다 : 壊れる

PART2 폭염 특보 중부 지방으로 확대—곳곳 소나기

밤새 남부 지방뿐 아니라 중부 지방 곳곳에 열대야 현상이 나타났습니다. 지난밤 전국 대부분 지역에서 밤사이 기온이 25도를 웃돌아, 잠 못 드는 밤이 이어졌습니다.

오늘도 대구 35도 등 남부 지방은 35도 안팎까지 치솟겠고, 서울과 철원도 32도까지 올라가 어제보다 조금 더 덥겠습니다. 영남 지방엔 폭염 경보, 서울과 강원 영서 일부를 제외한 전국 대부분 지역에 폭염 주의보가 발효 중입니다.

앞으로 폭염의 기세는 더욱 심해질 것으로 예상됩니다. 특히 장마가 끝난 뒤 북태평양 고기압이 확장하는 과정에서 대기가 매우 불안정한 탓으로 강한 소나기가 쏟아지는 곳이 많겠습니다.

기상청은 오늘도 내륙 지역에는 한 시간에 30mm 이상의 강한 소나기가 쏟아지고, 벼락이 치고 돌풍이 부는 곳이 있겠다며, 산간 계곡 피서객들의 주의를 당부했습니다.

SECTION 16 天気・災害

📖 Reference

폭염[暴炎] : 猛暑
중부 지방 : 中部地方
소나기 : 夕立/にわか雨
남부 지방 : 南部地方
지난밤 : 昨夜
잠 못 드는 밤 : 眠れない夜
안팎 : 内外/前後
철원 : 鉄原
경보 : 警報
발효 중[発効中] : 発令中
장마가 끝나다 : 梅雨が明ける
고기압 : 高気圧
대기 : 大気
기상청 : 気象庁
벼락이 치다 : 雷が鳴る
산간 : 山間
피서객 : 避暑客
당부하다[当付-] : 頼む/呼びかける
　☞ 주의를 당부하다 : 注意を呼びかける

특보[特報] : 特別注意報
곳곳 : 所々
밤사이(밤새) : 夜間/一晩中
열대야 : 熱帯夜
웃돌다 : 上回る
대구 : 大邱
치솟다 : 上昇する
영남 지방 : 嶺南地方(慶尚南道と慶尚北道)
영서 : 嶺西(江原道の大関嶺の西側地域)
기세[気勢] : 勢い
북태평양 : 北太平洋
확장하다 : 拡張する/広がる
불안정하다 : 不安定だ
내륙 : 内陸
돌풍이 불다 : 突風が吹く
계곡 : 渓谷

+α

[語幹①]-는 바람에 〈…することで/…するせいで〉

例 차가 밀리는 바람에 결혼식에 늦었다.
車が渋滞したせいで結婚式に遅れた。

[連体形] 탓으로 〈…するせいで〉

例 바람이 세게 부는 탓으로 비행기가 뜨지 못했다.
風が強く吹いているせいで飛行機が飛ばなかった。

Mini Quiz11

韓国の政治の中心となる、この建物は何でしょう。

News Background

台風の名称

　気象庁では毎年1月1日以後、最も早く発生した台風を第1号とし、以後台風の発生順に番号をつけている。台風には従来、米国が英語名（人名）を付けていた。しかし、2000年から、北西太平洋または南シナ海の領域で発生する台風には同領域内で用いられている固有の名前（加盟国などが提案した名前）を付けることになった。

　2000年の台風第1号にカンボジアで「象」を意味する「ダムレイ」の名前が付けられ、以後、発生順にあらかじめ用意された140個の名前を順番に用いて、その後、再び「ダムレイ」に戻る。台風の年間発生数の平年値は25.6個なので、おおむね5年間で台風の名前が一巡することになる。

　以下、ハングルの台風の名前を整理した。

韓国命名	北朝鮮命名
개미(蟻)	기러기(雁)
제비(燕)	소나무(松)
나리(百合)	도라지(桔梗)
너구리(たぬき)	버들(やなぎ)
장미(ばら)	갈매기(かもめ)
고니(白鳥)	노을(夕焼け)
미리내(天の川)	무지개(虹)
메기(なまず)	민들레(たんぽぽ)
노루(鹿)	메아리(やまびこ)
독수리(鷲)	날개(つばさ)

Power Up

1. 次のうち、自然災害ではないのはどれでしょう。
   ① 게릴라 폭우   ② 눈사태   ③ 폭풍 해일   ④ 구제역

2. 下のリストから適切な表現を選び、文を完成させましょう。
   ① 지난 태풍에 지붕이 날아가고 유리창이 깨져 아직도 수리 중인데,
      (   ) 또 비가 온다니 겁부터 난다.
   ② 이른 봄 냉해로 감나무가 (   ). 꽃들이
      피지도 못해 올 수확은 완전 낭패다.
   ③ 문을 열어 봤더니 하늘은 시커멓고 (   ).
      비가 멎을 때까지 기다리는 게 좋을 것 같다.

   > 소나기가 쏟아지고 있다, 엎친 데 덮친 격으로,
   > 비상이 걸렸다, 현상이 나타났다

3. 日本語文の下線部に合わせ、韓国語文を完成させましょう。
   ① 集中豪雨により山崩れが起きたせいで数十人が死亡し、数万人が避難した。
      집중 호우로 산사태가 (   ) 수십 명이 사망하고
      수만 명이 대피했다.
   ② 台風による被害が大きなせいで野菜の値段が暴騰した。
      태풍으로 피해가 (   ) 야채값이 폭등했다.

4. 以下の時事単語について、その社会背景も含めて調べてみましょう。
   ① 싱크 홀
   ② 민방위 훈련 [民防衛訓練]

SECTION 16 天気・災害

News Vocabulary

해돋이 : 日の出
해넘이 : 日の入り
황사 : 黄砂
빗방울 : 雨粒
단비 : 恵みの雨
뭉게구름 : 入道雲/積雲
회오리 바람 : 突風
번개 : 稲妻
폭설[暴雪] : 大雪
물결 : 波
꽃샘추위 : 花冷え
액상화 : 液状化
장마철 : 梅雨
벚꽃 전선[-前線] : 桜前線
일기 예보[日気予報] : 天気予報
재해 예보 시스템 : 災害予報システム
환경 영향 평가[環境影響評価] : 環境アセスメント

일출[日出] : 日の出
일몰[日没] : 日の入り
일교차[日較差] : 早朝と日中の気温差
가뭄 : ひでり/干ばつ
늦더위 : 残暑
안개 : 霧
천둥 : 雷
우박[雨雹] : ひょう
인공 강우 : 人工降雨
기상 이변 : 気象異変
온난화 : 温暖化
지반 침하 : 地盤沈下
장마 전선[-前線] : 梅雨前線
동장군 : 冬将軍

SECTION 17 歷史

PART 1 중국, '백두산 채화'…뭘 노리나

　　한민족의 발상지, 백두산 천지. 중국은 이곳에서 동계 아시안 게임의 성화 채화 행사를 열었습니다. 백두산이 두만강과 압록강의 발원지이고 관동 문화가 시작되는 곳이라며 채화 의미를 부여했습니다.

　　중국은 동계 올림픽을 백두산에서 개최하겠다며 주변엔 공항 건설도 추진하고 있습니다. 공식적으로는 낙후 지역 경제 발전을 내세우고 있지만 유네스코에 백두산을 세계 유산으로 등록 신청하는 등 한국의 백두산이 아닌 중국의 창바이산으로 못 박으려는 홍보 전략을 드러낸 게 아니냐는 분석입니다. 또 고구려뿐만 아니라 백두산 전체를 중국사의 일부로 흡수하고 간도 영유권도 굳건히 하겠다는 동북 공정의 일환으로 풀이되고 있습니다.

　　과거 역사 연구에서 시작된 중국의 동북 공정은 이제 미래를 준비하는 구체적인 전략으로 속속 현실화되고 있는 분위기입니다.

Reference

백두산 : 白頭山(中朝国境沿いにある朝鮮民族の象徴ともなる霊峰)

채화 : 採火

 ☞ 채화 행사[採火行事] : 採火式

노리다 : ねらう   한민족[韓民族] : 朝鮮民族

발상지[発祥地] : 発祥の地   천지 : 天池(白頭山の頂上にある火口湖)

동계 아시안 게임[冬季-] : アジア冬季競技大会

성화 : 聖火   두만강 : 豆満江

압록강 : 鴨緑江   발원지[発源地] : 水源地

관동 문화[関東文化] : 満州文化

낙후 지역[落後地域] : 開発の遅れた地域

창바이산 : 長白山(白頭山の中国での呼称)   못(을) 박다 : 釘を刺す

홍보[弘報] : 広報

고구려 : 高句麗(B.C.37年～A.D.668年にかけて、中国東北部南部～朝鮮北中部にあった国家)

간도[間島] : 中国吉林省東南部地域

영유권 : 領有権   굳건히 : 固く/しっかりと

동북 공정 : 東北工程(高句麗・渤海などを中国辺境の歴史として取り込んでいくプロジェクト)

일환 : 一環   풀이되다 : 解釈される

PART2　박 대통령 "동북아 공동 역사 교과서 발간하자"

　박근혜 대통령이 한중일 공동 역사 교과서 발간을 제안했습니다.
　박 대통령은 오늘 국립외교원 설립 50주년 기념 국제 학술 대회 개회식에 참석해 동북아 평화 협력을 위해 역내 국가들이 동북아 미래에 대한 인식을 공유해야 한다며 이같이 밝혔습니다.
　박 대통령은 독일과 프랑스, 독일과 폴란드가 했던 것처럼 동북아 공동의 역사 교과서를 발간함으로써 협력과 대화의 관행을 쌓아 갈 수 있을 것이라고 강조했습니다.
　박 대통령은 잠재적인 위기 상황을 극복하고 동북아를 신뢰와 협력의 장으로 만들어야 한다며, 동북아 평화 협력 구상을 통해 연성 이슈부터 시작해 대화와 협력을 축적하면 민감한 사안들도 논의할 수 있는 시점이 올 수 있다고 강조했습니다. 그리고 이 시대에 이루고자 하는 꿈은 동북아 평화 협력 지대를 이루고 유라시아와 태평양 지역의 연계 협력을 이루는 것이라며 아시아 태평양 경제 협력체와 아시아 유럽 정상 회의와도 연결돼 새로운 경제 협력의 구도가 창출될 수 있을 것이라고 밝혔습니다.

SECTION 17　歴史

Reference

동북아[東北亜]：北東アジア　　　한중일[韓中日]：日中韓

발간：発刊/刊行　　　　　　　　국립외교원：国立外交院

역내：域内　　　　　　　　　　폴란드：ポーランド

관행：慣行　　　　　　　　　　쌓다：積む

잠재적：潜在的　　　　　　　　연성 이슈[軟性-]：取り組みやすい課題

축적하다：蓄積する/積む　　　　사안：事案/事柄

유라시아：ユーラシア

아시아 태평양 경제 협력체[-太平洋経済協力体]：アジア太平洋経済協力(APEC)

아시아 유럽 정상 회의[-頂上会議]：アジア欧州会合(ASEM)

구도：構図

Mini Quiz12

韓国の歴史的な英雄、私はいったい誰でしょう？

+α

[語幹①]-나 〈…か/…だろうか〉

> [例] 이 기사는 뭘 시사하고 있나?
> この記事は何を示唆しているのか。

[語幹②]-려는 〈…しようという/…しようとする〉

> [例] 이 책은 역사 인식을 바로 잡으려는 목적으로 만들어졌다.
> この本は歴史認識を正そうという目的でつくられた。

[連体形] 게/것이 아니냐는 〈…のではないのかという〉

> [例] 모든 노력이 수포로 돌아가는 게 아니냐는 지적이 나왔다.
> すべての努力が水の泡に帰するのではないかという指摘がでた。

[語幹②]-ㅁ으로써 〈…することでもって/…することで〉

> [例] 서로가 납득할 때까지 대화를 나눔으로써 오해를 풀었다.
> 互いが納得するまで対話することで誤解を解いた。

[語幹①]-고자 하다 〈…しようとする〉

> [例] 우리가 규명하고자 하는 것은 그 사건의 숨겨진 진실이다.
> 我々が明らかにしようとしているのは、その事件の隠された真実だ。

News Background

建国の歴史

　韓国では、5000年の歴史を強調することがある。古朝鮮(고조선)を建国した檀君(단군)に起源を求め、つい最近までは大手新聞数紙でも、西暦と併記して檀紀(단기)を記していた。檀君による朝鮮建国は紀元前(서기전)2333年であるため、西暦(서기)に2333年を足せば、檀紀となる。2020年であれば、檀紀4353年といった要領である。

　高句麗(고구려)、百済(백제)、新羅(신라)が覇権を争った三国時代からは日本でもなじみが深い。韓国では、その後、慶州に都(서라벌)をおく統一新羅(통일신라)時代に入り、朝鮮半島に初の統一国家ができあがったようにいわれるが、北朝鮮では38度線以北に起源がある高麗(고려)時代をもって朝鮮半島に初の統一国家ができたとする。

　李成桂を開祖とする朝鮮時代は約600年も続き、ソウルが朝鮮半島の中心地となった。日本とは文禄慶長の役(임진왜란)の後、朝鮮通信使などを通じて一定の関係を保った。中国の明とは良好な関係を築いたが、1636年に建国された清が勢力を拡大し、丙子の乱(병자호란)で服従を強いられた。

　その後は泰平な時代が続いたが、20世紀を前後して、日本による植民地期(일제 강점기)に突入した。独立解放後はアメリカ軍政時代(미군정기)を経て、1948年8月15日に大韓民国が建国された。

Power Up

1. 次のうち、一般市民が犠牲となった光州事件を数字で表したものはどれでしょう。
   ① 4·3   ② 4·19   ③ 5·18   ④ 6·25

2. 下のリストから適切な表現を選び、文を完成させましょう。
   ① 이번 정상 회담은 남북 관계의 새로운 (　　　　　　).
   ② 이 작업은 오늘까지 끝내야 한다고 처음부터 (　　　　　　　).
   ③ 북한 태도의 급격한 변화는 협상을 유리하게 진행하려는 의도로
      (　　　　　　　).

   > 풀이된다, 노렸다, 못을 박았다, 의미를 부여했다, 밝혔다

3. 日本語文の下線部に合わせ、韓国語文を完成させましょう。
   ① この論文は剽窃したのではないのかという疑惑が浮上した。
      이 논문은 (　　　　　　　) 의혹이 불거졌다.
   ② 新時代を開こうとする候補者の強い意志がみられた。
      새 시대를 (　　　　　　) 후보의 강한 의지가 보였다.

4. 以下の時事単語について、その社会背景も含めて調べてみましょう。
   ① 단군 신화 [檀君神話]
   ② 한강의 기적 [漢江-奇跡]

News Vocabulary

일본 정벌[日本征伐] : 元寇　　　쇄국 정책 : 鎖国政策

한양 : 漢陽(朝鮮時代のソウルの呼び方)

경성 : 京城(日本統治時代のソウルの呼び方)

일제[日帝] : 日本(大日本帝国/日本帝国主義)

강점기[強占期] : 日本統治時代

미군정기[美軍政期] : アメリカ軍政期/連合軍軍政時代

남로당[南労党] : 南朝鮮労働党　　　3·1운동[-運動] : 3·1独立運動

독립유공자[独立有功者] : 独立運動功労者

한일 합방[韓日合邦] : 日韓併合　　　한국 전쟁[韓国戦争] : 朝鮮戦争

맥아더 장군[-将軍] : マッカーサー元帥

고엽제 : 枯葉剤　　　월남 전쟁[越南戦争] : ベトナム戦争

한일 협정[韓日協定] : 日韓基本条約

안기부[安企部] : 国家安全企画行政部

3공[-共] : 1963年からの朴正煕政権/第3共和国

5공[-共] : 1980年代の全斗煥政権/第5共和国

운동권[運動圏] : 学生運動　　　민족사관 : 民族史観

독도[独島] : 竹島　　　개천절[開天節] : 建国記念日

광복절[光復節] : 独立記念日　　　애국가 : 愛国歌/韓国の国歌

SECTION18　芸能

PART1　아빠·군대·할배, 예능 대세

　'아빠' '군대' '할배'는 올해 대중문화의 핵심 코드로 떠올랐습니다. 올해 초부터 MBC '일밤'의 한 코너로 방송된 '아빠! 어디 가?'는 아이들의 해맑은 모습에 더해 육아에 서툰 아빠들이 아이와 점차 소통을 더해 가는 모습이 시청자들의 마음을 훈훈하게 하며 큰 인기를 끌었습니다. 다른 방송사의 '슈퍼맨이 돌아왔다' '오! 마이 베이비' 등 육아 이야기를 담은 예능 프로그램도 주목을 받았습니다.

　군대를 소재로 한 시트콤인 tvN '푸른 거탑'이 주목 받은 데 이어 연예인들의 병영 체험을 담은 MBC '일밤-진짜 사나이'는 남자들이 몸으로 부대끼며 우정을 나누는 이야기로 인기를 끌었습니다.

　tvN의 '꽃보다 할배'는 그동안 주로 아이돌 스타들과 젊은 배우, 잘나가는 개그맨들이 독점하던 예능 프로그램에 노인들을 출연시키는 역발상으로 방송가에 지각 변동을 일으켰습니다. 점잖고 근엄한 이미지로만 인식되던 노인 배우들이 배낭여행을 떠나 보여준 천진난만한 모습은 시청자들을 즐겁게 했습니다.

SECTION 18　芸能

Reference

할배 : おじいちゃん/おじいさん(할아버지의 方言)
핵심 코드[核心-] : キーワード
일밤[日-] : 日曜の夜の番組(일요일밤의 縮約)
해맑다 : 純粋だ/無邪気だ　　　　더하다 : 増す/加える
서툴다 : 下手だ/不器用だ(서투르다의 縮約)
소통[疎通] : コミュニケーション
　☞ 소통을 더해 가다 : 通じ合う
훈훈하다[薫薫-] : 心温まる/温かい
끌다 : 引く/引っ張る
　☞ 인기를 끌다 : 人気をあつめる
담다 : 入れる/盛る
　☞ 이야기를 담다 : 話を盛り込む/話をあつかう
예능 프로그램[芸能-] : バラエティー番組
주목 받다 : 注目される
시트콤 : シット・コム(sitcom ; situation comedy)
거탑 : 巨塔　　　　　　　　병영[兵営] : 兵舎
사나이 : 男前の/男らしい男
부대끼다 : もまれる/さいなまれる
　☞ 몸으로 부대끼다 : 体当たりする
우정을 나누다 : 友情を交わす　　잘나가다 : 売れている/人気がある
개그맨 : お笑いタレント　　　　역발상[逆発想] : 逆転の発想
방송가[放送街] : 放送界　　　　지각 변동 : 地殻変動
일으키다 : 引き起こす　　　　　점잖다 : 品がある
근엄하다[謹厳-] : 厳格だ　　　　천진난만하다 : 天真爛漫だ

PART2 "우리는 잉여인간" 렌즈에 담긴 청년들의 아픔

일자리가 없어 인터넷과 게임 등으로 청춘을 보내는 젊은이들, 스스로를 잉여인간이라고 부르는데요. 이 세대들의 아픔과 좌절, 나름의 해답까지 담아낸 영화들이 눈길을 끌고 있습니다.

골방에서 하루 종일 게임만 하며 살다시피 하는 젊은이들……. 뭘, 어떻게 해야 할지 모르는 그들은 스스로를 '낙오자'라 비웃습니다. 과연 탈출구는 없을까? 대학을 중퇴한 영화학도 4명이 80만원을 들고 유럽으로 떠납니다. 그들의 무모한 도전은 냉혹한 현실 앞에서 흔들리지만 배짱으로 난관을 헤쳐 간 지 1년, 카메라는 그 성취의 여정을 오롯이 담아냈습니다.

인터넷 게임에서 존재감을 찾던 청년 실업자 태식, 어느 날, 길거리에서 급습을 당한 뒤, 자아를 찾아갑니다. 상처 받은 청춘들이 모여 창업한 햄버거 가게, 그들의 꿈을 악용하는 사람들로 시련을 겪지만, 끝까지 희망의 끈을 놓지 않습니다.

냉혹한 생존 경쟁의 시대, 그 속에서 깨지고, 무너지고, 쓰러져도 우리 청춘들은 희망을 잃지 않고 있음을 영화들은 잘 보여주고 있습니다.

Reference

담기다 : 盛られる/込められる
젊은이 : 青年/若者
나름 : 自分なりの
골방[-房] : 小部屋
비웃다 : あざ笑う
들다 : 持つ/所持する
냉혹하다 : 冷酷だ
난관을 헤치다 : 難関を切り抜ける
여정[旅程] : みちのり/過程
태식 : テシク(男性の名前)
길거리 : 道端/道
자아 : 自我
창업하다[創業-] : 開業する
쓰러지다 : 倒れる

청년[青年] : 若者
좌절 : 挫折
담아내다 : 盛り込む
낙오자 : 落伍者/落ちこぼれ
영화학도[映画学徒] : 映画を志す者
무모하다 : 無謀だ
배짱 : 度胸
성취[成就] : 達成
오롯이 : すべて
어느 날 : ある日
급습[急襲] : 襲撃
청춘들[青春-] : 若者たち
무너지다 : 崩れる

+α

[語幹①]−다시피 〈ほぼ…するように〉

例 최근 퓨전 사극이 텔레비전의 황금 시간대를 독점하다시피 하고 있다.
最近、創作時代劇がテレビのゴールデンタイムをほぼ独占している。

[体言]−(이)라(고) 〈…だと〉

例 한국에서는 텔레비전을 보는 각 가정의 방을 극장에 비유하여 안방극장이라 부른다.
韓国ではテレビを見る各家庭のお茶の間を劇場に例え、お茶の間劇場と呼んでいる。

Mini Quiz13

ソウルで伝統的な街並みが残る場所としてドラマのロケでよく使われる、ここはいったいどこでしょう。

News Background

バラエティ番組のトレンド

　2013年7月に始まった「花よりじいさん(꽃보다 할배)」というTV番組は、これまであまり取り上げなかった高齢のタレントを起用したことで話題を集めた。この番組は、地上波放送ではなく、ケーブルテレビ番組であるにも関わらず人気を集め、地上波並の視聴率をあげ話題となった。その内容は、3～4人の高齢の有名タレントがバックパック旅行(배낭여행)をするもので、1人の若いタレントが旅行のサポーター役として加わり、全行程をほぼすべて映しだしたものである。

　この番組が話題を集めた理由として、今までは若い世代が中心であった旅行番組で高齢のタレントを主役にしたという異色のコンセプトであったことや、高齢化が進む韓国で、高齢の視聴者が増え、共感を呼んだことなどが考えられる。

　この番組の反響は大きく、「花より姉さん(꽃보다 누나)」や「花より青春(꽃보다 청춘)」というバージョンまででき、人気を集めている。「花より姉さん」は男性の代わりに女性を主役にしたもので、「花より青春」は若い世代による貧乏旅行が題材になっている。

Power Up

1. 次のうち、若い女性アイドルに熱狂する男性の「追っかけ」を指す言葉はどれでしょう。

   ① 오빠 부대   ② 삼촌 부대   ③ 고무신 부대   ④ 줌마 부대

2. 下のリストから適切な表現を選び、文を完成させましょう。

   ① 무한 경쟁의 (　　　　　　　) 톱스타가 되었다.
   ② 여러 사람이 있는데도 그 아이는 특별히 (　　　　　　　).
   ③ 이웃과의 사랑 이야기를 (　　　　　　　) 다큐멘터리를 찍고 싶다.

   > 오롯이 담아내는, 시련을 겪었다, 난관을 헤치고,
   > 눈길을 끌었다, 우정을 나누고

3. 日本語文の下線部に合わせ、韓国語文を完成させましょう。

   ① 韓国ドラマを毎日のように見ていたら韓国語の実力が伸びた。
   한국 드라마를 (　　　　　　　) 한국어 실력이 늘었다.
   ② 私たちは彼女を「国民の妹」と呼ぶ。
   우리는 그녀를 국민 여동생(　　　　　　) 부른다.

4. 以下の時事単語について、その社会背景も含めて調べてみましょう。

   ① 연예 병사[演芸兵士]
   ② 막장 드라마

SECTION 18　芸能

News Vocabulary

주말 드라마 : 週末ドラマ　　　　　수목 드라마 : 水木ドラマ
노래자랑 : 歌自慢　　　　　　　　일일 연속극[日日連続劇] : 連続ドラマ
분장실[扮装室] : 楽屋/メイク室　　팬미팅(팬미) : ファンミーティング
동영상[動映像] : 動画　　　　　　소속사[所属社] : (芸能人)所属事務所
협찬사[協賛社] : スポンサー企業
공항 패션[空港-] : 芸能人の空港のファッション
고정 출연[固定出演] : レギュラー出演
열성팬[熱性-] : 熱心なファン　　　광팬[狂-] : 熱狂的なファン
개그우먼 : 女性お笑いタレント　　안무[按舞] : 振り付け
공중파 방송[空中波放送] : 地上波放送
종편[総編] : 総合編成チャンネル(主に新聞社が行うケーブル・衛星放送で、ニュース以外に娯楽・教養等、すべてのジャンルを扱ったＴＶチャンネル)
여심몰이[女心-] : 女性の支持を集めること
공포 영화[恐怖映画] : ホラー映画　　애니 : アニメ
멜로 드라마 : 恋愛ドラマ　　　　　사극[史劇] : 時代劇/歴史ドラマ
배경 음악[背景音楽] : BGM/挿入曲
몰카 : 隠しカメラ/ドッキリカメラ

記事出典

Section 1
여야, 쟁점현안 일괄타결 놓고 막판 협상 중　(2013年12月30日配信)
http://news.kbs.co.kr/news/NewsView.do?SEARCH_NEWS_CODE=2780834
새 정부 5대 국정목표・21개 국정과제 발표　(2013年2月21日配信)
http://news.kbs.co.kr/news/NewsView.do?SEARCH_NEWS_CODE=2616517

Section 2
'입시 때문?' 고교생 체력・정신력 바닥　(2013 年 12 月 23 日配信)
http://news.kbs.co.kr/news/NewsView.do?SEARCH_NEWS_CODE=2776369
자유학기제 시범 실시…어떻게 운영될까?　(2013年7月15日配信)
http://news.kbs.co.kr/news/NewsView.do?SEARCH_NEWS_CODE=2690890

Section 3
유엔 안보리, 북한 인권 첫 논의　(2014年4月18日配信)
http://news.kbs.co.kr/news/NewsView.do?SEARCH_NEWS_CODE=2848024
북한 "이산가족 상봉행사 연기"　(2013年9月21日配信)
http://news.kbs.co.kr/news/NewsView.do?SEARCH_NEWS_CODE=2726807

Section 4
'스마트 카'로 경쟁…미래차 개발 한국은?　(2014 年 1 月 9 日配信)
http://news.kbs.co.kr/news/NewsView.do?SEARCH_NEWS_CODE=2786242
'게임중독법' 발의…반발 확산, 쟁점은?　(2013 年 11 月 10 日配信)
http://news.kbs.co.kr/news/NewsView.do?SEARCH_NEWS_CODE=2752973

Section 5
최첨단 건물들, 에너지 제로에 도전!　(2013年12月24日配信)
http://news.kbs.co.kr/news/NewsView.do?SEARCH_NEWS_CODE=2777157
한반도 덮친 미세먼지…천식・심장 환자에겐 '심각'　(2013年12月5日配信)
http://news.kbs.co.kr/news/NewsView.do?SEARCH_NEWS_CODE=2766925

Section 6
얼음에서 건지는 짜릿한 손맛 '평창 송어축제'　(2014年1月3日配信)
http://news.kbs.co.kr/news/NewsView.do?SEARCH_NEWS_CODE=2783142
설악산 단풍 시작…다음 달 중순쯤 '절정'　(2013年9月27日配信)
http://news.kbs.co.kr/news/NewsView.do?SEARCH_NEWS_CODE=2730327

Section 7
출산율 뚝, 인구정책 빨간불　(2002年10月31日配信)
http://news.kbs.co.kr/news/NewsView.do?SEARCH_NEWS_CODE=372828
약방엔 감초, 주방엔 양파?　(2013年7月16日配信)
http://news.kbs.co.kr/news/NewsView.do?SEARCH_NEWS_CODE=2691689

Section 8
경제 강조…혁신 3개년 계획은?　(2014年1月6日配信)
http://news.kbs.co.kr/news/NewsView.do?SEARCH_NEWS_CODE=2784673
올해 신흥국 통화 대부분 약세… '5대 취약국' 급락　(2013年12月22日配信)
http://news.kbs.co.kr/news/NewsView.do?SEARCH_NEWS_CODE=2776098

Section 9
개성 톡톡! 이색 김밥 총출동　(2013年5月15日配信)
http://news.kbs.co.kr/news/NewsView.do?SEARCH_NEWS_CODE=2659196
편의점 1인 가구 상품 약진・일본 제품 부진　(2013年12月5日配信)
http://news.kbs.co.kr/news/NewsView.do?SEARCH_NEWS_CODE=2766659

記事出典

Section 10
이례적 2시간 회담…"강남스타일 배웠다" (2013年5月8日配信)
http://news.kbs.co.kr/news/NewsView.do?SEARCH_NEWS_CODE=2655888
북한에 '이색 말투' 확산…휴대전화 받고 '여보쇼오~' (2014年1月5日配信)
http://news.kbs.co.kr/news/NewsView.do?SEARCH_NEWS_CODE=2783858

Section 11
한국 축구 '골 결정력' 부족…큰 문제 (2013年6月12日配信)
http://news.kbs.co.kr/news/NewsView.do?SEARCH_NEWS_CODE=2674192
'대관령 눈꽃축제' 내년 1 월 3 일 개막 (2013 年 12 月 26 日配信)
http://news.kbs.co.kr/news/NewsView.do?SEARCH_NEWS_CODE=2778433

Section 12
"뱅갈어 책도 없어요"…10 살 '아키' 에게 한국은? (2013 年 11 月 18 日配信)
http://news.kbs.co.kr/news/NewsView.do?SEARCH_NEWS_CODE=2757338
2040년 한국사회, 이민정책 따라 명암 뚜렷 (2011年11月21日配信)
http://news.kbs.co.kr/news/NewsView.do?SEARCH_NEWS_CODE=2391377

Section 13
'김장 문화' 는 인류무형유산… '주도권' 기대 (2013 年 12 月 5 日配信)
http://news.kbs.co.kr/news/NewsView.do?SEARCH_NEWS_CODE=2767103
전쟁중에도 아리랑은…50년대 군악대 악보 공개 (2013年6月30日配信)
http://news.kbs.co.kr/news/NewsView.do?SEARCH_NEWS_CODE=2683291

Section 14
악성루머 철저히 추적해야 (2013年12年21日配信)
http://news.kbs.co.kr/news/NewsView.do?SEARCH_NEWS_CODE=2775820
내신 따지고·수능 점수 보고…軍 입대 '좁은 문' (2013年12月1日配信)
http://news.kbs.co.kr/news/NewsView.do?SEARCH_NEWS_CODE=2764250

Section 15
엉짱에 말벅지까지…신체 신조어 '홍수' (2010年3月24日配信)
http://news.kbs.co.kr/news/NewsView.do?SEARCH_NEWS_CODE=2068941
로이터 "한국 달력은 돈 드는 연인 기념일로 가득차" (2006年1月2日配信)
http://news.kbs.co.kr/news/NewsView.do?SEARCH_NEWS_CODE=819084

Section 16
日 후쿠시마 해역 규모 7.1 강진…태풍까지 (2013年10月26日配信)
http://news.kbs.co.kr/news/NewsView.do?SEARCH_NEWS_CODE=2745340
폭염특보 중부지방으로 확대…곳곳 소나기 (2013年8月6日配信)
http://news.kbs.co.kr/news/NewsView.do?SEARCH_NEWS_CODE=2702956

Section 17
중국, '백두산 채화'…뭘 노리나 (2006年9月7日配信)
http://news.kbs.co.kr/news/NewsView.do?SEARCH_NEWS_CODE=1216983
박 대통령 "동북아 공동 역사교과서 발간하자" (2013年11月14日配信)
http://news.kbs.co.kr/news/NewsView.do?SEARCH_NEWS_CODE=2755181

Section 18
바람 잘 날 없던 방송·연예계 (2013年12月9日配信)
http://news.kbs.co.kr/news/NewsView.do?SEARCH_NEWS_CODE=2768451
"우리는 잉여인간" 렌즈에 담긴 청년들의 아픔 (2013 年 11 月 30 日配信)
http://news.kbs.co.kr/news/NewsView.do?SEARCH_NEWS_CODE=2764200

単語リスト

韓国語	日本語

ㄱ

韓国語	日本語
가계	家計
가깝다	近い
가늘다	細い
가득	いっぱい/ぎっしり
가득 차다	一杯だ
가량[仮量]	程/くらい
가로막다	さえぎる/妨げる
가명	仮名
가뭄	ひでり/干ばつ
가사 도우미[家事-]	家事お手伝い
가야금	伽倻琴
가옥	家屋
가정	家庭
가정 내 폭력	家庭内暴力/DV
가정상담사	家庭相談士
가족묘	家族墓
가지	…通り
가지다	もつ
각별하다	格別だ
간담회	懇談会
간도[間島]	中国吉林省東南部地域
간병인[看病人]	付き添い/介護人
간장녀[-醬女]	節約好きな女性
간첩[間諜]	スパイ
간토 지방	関東地方
간편식[簡便食]	調理済み食品
감귤족[柑橘族]	江南土着の富裕層の息子
감나무	柿の木
감당하다[堪当-]	持ちこたえる/やりくりする
감세	減税
감소를 막다	減少を防ぐ
감정	鑑定
감초[甘草]	カンゾウ
감축[減縮]	削減
갑을 문제	甲乙問題
값	値段
강강술래	カンガンスルレ
강경 모드[強硬-]	強硬姿勢
강구되다[講究-]	講じられる
강남	江南
강남스타일	江南スタイル(歌謡曲名)
강성 대국	強盛大国
강세[強勢]	上昇傾向
강원도	江原道
강점기[強占期]	日本植民地期
강제	強制
강좌	講座
강진	強震/強い地震
강철	鋼鉄/スチール
갖가지	いろいろな
개그맨	お笑いタレント
개그우먼	女性お笑いタレント
개나리	レンギョウ
개량 한복[改良韓服]	着やすく改良した伝統衣装
개막	開幕
개막되다	開幕する
개발	開発
개선	改善
개선문	凱旋門
개선하다	改善する
개성공단[開成工団]	ケソン工業団地
개입	介入
개척하다[開拓-]	開拓する/切り開く
개천절[開天節]	建国記念日
개최	開催
개최국	開催国
개학식[開学式]	始業式
개혁특위[改革特委]	改革特別委員会
거닐다	散策する
거두다	得る
거듭하다	繰り返す
거북이 운전[-運転]	ノロノロ運転
거래[去来]	取引
거르다	欠かす/抜かす
거리 공연[-公演]	ストリートパフォーマンス
거리[距離]가 멀다	ほど遠い
거치다	経由する
거탑	巨塔
건강	健康
건강미	健康美
건강 보험	健康保険
건의하다[建議-]	(意見を)申し述べる
건지다	すくう
걸러지다	取り除かれる
걸리다	かかる
걸치다	わたる
걸프전[-戦]	湾岸戦争
검찰	検察
겁[怯]	恐れ/怯え

単語リスト

게다가	加えて／さらに	고엽제	枯葉剤
게릴라 폭우[-暴雨]	ゲリラ豪雨	고용주[雇用主]	雇い主
게임	ゲーム	고위급[高位級]	高官／高官クラス
게임 중독	ゲーム中毒	고전하다	苦戦する
게임중독법안	ゲーム中毒法案	고정 출연[固定出演]	レギュラー出演
겪다	経験する／(苦難に)遭う	고조선	古朝鮮
결과	結果	고집하다	固執する／こだわる
결실	結実／実り	고추	唐辛子
결의	決議	고혈압	高血圧
결정력	決定力	곧바로	直ちに
결혼식	結婚式	골	ゴール
겸비하다[兼備-]	兼ね備える	골 득실 차[-得失差]	得失点差
경감	軽減	골드미스	女性独身貴族
경기	景気	골문[-門]	ゴール
경기	競技／試合	골방[-房]	小部屋
경보	警報	골초[-草]	ヘビースモーカー
경상 수지	経常収支	골키퍼	ゴールキーパー
경성	京城	골프 채	ゴルフクラブ
경우[境遇]	場合／ケース	곳	所
경쟁	競争	곳곳	所々
경쟁률	競争率	공[功]을 들이다	誠意を尽くす／力を入れる
경제 제재	経済制裁	공감하다	共感する
경제인[経済人]	企業家／財界人	공개 처형	公開処刑
경제적 어려움	経済的困難／生活苦	공개하다	公開する
경착륙	硬着陸／ハードランディング	공격수[攻撃手]	フォワード
경찰	警察	공공 기관	公共機関／公的機関
경청하다	傾聴する	공공장소[公共場所]	公の場
계간지	季刊誌	공군	空軍
계곡	渓谷	공업 단지(공단)[工業団地(工団)]	工業団地
계기	契機／きっかけ	공동 선언	共同宣言(6.15南北共同宣言)
계약	契約	공백	空白
고개	峠	공부 생중계[工夫生中継]	勉強姿のネットライブ
고구려	高句麗	공약	公約
고급 맨션	高級マンション	공인 인증서[公認認証書]	(公的機関による)本人認証
고기압	高気圧	공조 시스템	空調システム
고대하다[苦待-]	待ちわびる	공주병[公主病]	お姫様気取り
고려	高麗	공중파 방송[空中波放送]	地上波放送
고려 사람[高麗-]	高麗人	공포 영화[恐怖映画]	ホラー映画
고령화	高齢化	공항 패션[空港-]	芸能人の空港ファッション
고무되다[鼓舞-]	励まされる／刺激される	과감하다	果敢だ／大胆だ
고무신 부대	ゴム靴部隊(兵役中の彼氏を待っている女性たち)	과언	過言
고민[苦悶]	悩み	과장	課長
고법[高法]	高等裁判所／高裁	과정	過程
고부 간의 갈등[姑婦間-葛藤]	姑嫁問題	과제 수행	課題遂行
고상하다	高尚だ／上品だ	과표 기준[課標基準]	課税標準
고소하다	香ばしい	관광객	観光客
고수[高手]	達人／名手	관광 상품	観光商品
고수하다[固守-]	固く守る	관동 문화[関東文化]	満州文化
고시텔[考試-]	国家試験用の賃貸住居施設	관람	観覧

159

관련	関連	규명하다[糾明-]	明らかにする
관련 없다	関連のない/関係ない	규모	規模/マグニチュード
관리	管理	규정	規定
'관심 군' 어린이[関心群-]	要注意児童	규정하다	規定する
관심사	関心事/懸案	규제	規制
관음증[観淫症]	窃視症/覗き見症	규제총량제	規制総量制
관중	観衆	균형	均衡/バランス
관행	慣行	그 자체[自体]	そのもの
관현악	管弦楽	그다지	さほど
광복절[光復節]	独立記念日	그린 빌딩	グリーン・ビルディング
광팬[狂-]	熱狂的なファン	그린데이	グリーンデー
교육 도우미 로봇[教育-]	教育支援用ロボット	그만두다	やめる
교육감[教育監]	教育委員長	그중[-中]	そのうち
교체	交替	근거하다[根拠-]	基づく/根拠を置く
교통 카드[交通-]	交通系電子マネー	근로 빈곤층[勤労貧困層]	ワーキングプア
교향악단	交響楽団	근로자[勤労者]	労働者
구글	グーグル	근엄하다[謹厳-]	厳格だ
구도	構図	근절하다	根絶する/取り除く
구석구석	隅々/ところどころ	금강산	金剛山
구이	焼き	금메달	金メダル
구제역	口蹄疫	급감하다	急減する/急激に減る
구호[口号]	スローガン	급격	急激
국가 대표	国家代表	급속	急速
국감[国監]	行政監査/国政監査	급습[急襲]	襲撃
국립외교원	国立外交院	급식	給食
국민참여재판[国民参与裁判]	裁判員制度	급제동[急制動]	急ブレーキ
국방부	国防部	긍정적	肯定的
국방비	国防費	기[器]	臓器
국영수[国英数]	国語・英語・数学/英国数	기관지	気管支
국정	国政	기관지염	気管支炎
국정원[国情院]	国家情報院	기대	期待
국제 형사 재판소	国際刑事裁判所(ICC)	기러기아빠	雁のお父さん(単身で韓国に残って働く父親)
국제회의	国際会議		
국회	国会	기록되다	記録される
군	軍	기름	油/ガソリン
군 복무	軍服務/軍への服務	기밀	機密
군것질	間食	기본 교과[基本教科]	基礎教科
군사 분계선[軍事分界線]	軍事境界線	기사	記事
군악대	軍楽隊	기상 이변	気象異変/異常気象
굳건히	固く/しっかりと	기상청	気象庁
굳어지다	固くなる/定着する	기생 독신[寄生独身]	パラサイトシングル
굵기	太さ	기세[気勢]	勢い
굵다	太い	기술	技術
궁합[宮合]	男女の相性	기업인[企業人]	企業家
권고 사항	勧告事項	기업하다	企業する/経営する
궤도	軌道	기여	寄与
귀성길[帰省-]	郷里に帰る道中	기운[気運]	空気
귀여움	可愛がり	기울어지다	傾く
귀향길[帰郷-]	里帰り	기울이다	傾ける
귀화	帰化	기조	基調/傾向

160

기초 노령 연금[基礎老齡年金]	老齢基礎年金	난관	難関
기초 생활 수급자[基礎生活受給者]	生活保護受給者	날씨	天候、お天気
		날아오다	飛んでくる
기후 변화 협약[氣候變化協約]	気候変動枠組条約	날짜 수[-數]	日数
기후 변화[氣候變化]	気候変動	남	他人/人
기후 변화에 관한 정부 간 협의체[氣候變化-關-政府間協議體]	気候変動に関する政府間パネル(IPCC)	남다르다	独特の/特別の
		남로당[南勞黨]	南朝鮮労働党
		남부 지방	南部地方
길거리	道端/道	남북 경협[南北經協]	南北経済協力
김장	キムジャン/キムチの漬け込み	남북 대화	南北対話
깊이	深く/深み	남아공[南阿共]	南アフリカ共和国
깜짝	びっくり/予想外	남친[男親]	彼氏
깜짝 파티	サプライズパーティー	납득하다	納得する
깨끗이	きれいに	납치	拉致
깨지다	壊れる/破れる	낫다	ましだ
꼬아 올리다	ひねり上げる	낭비하다[浪費-]	無駄にする
꼭	必ず	낭패[狼狽]	困惑/困難
꽁꽁	コチコチ	낮다	低い
꽃가루 알레르기	花粉症	낳다	産む
꽃무늬	花柄	내[內]	以内
꽃미남[-美男]	イケメン	내놓다	打ち出す
꽃샘추위	花冷え	내달리다	つっ走る
꽉	いっぱい/ぎっしり	내려오다	下りてくる/伝わってくる
꾸준히	たゆまず/根気強く	내륙	内陸
꿀	蜜	내세우다	主張する/掲げる
꿀벅지	ピチピチした太もも	내수	内需
끈끈하다	粘っこい/ねばねばする	내수 확대	内需拡大
끊다	絶つ	내신	内申
끊이다	絶える	내용물[內容物]	中身/具
끌다	引く/引っ張る	내주다	差しだす
끝나다	終わる	냉해	冷害
끼어들다	割りこむ	냉혹하다	冷酷だ
끼치다	及ぼす	널리	広く
껑깡족[-族]	江南の少し富裕層の息子	넘기다	越す/やりすごす
		넣다	入れる/盛り込む
ㄴ		노래자랑	歌自慢
나누다	分ける/分かち合う	노름	ギャンブル
나눔의 정신	分かち合いの精神	노리다	ねらう
나다	でる	노블레스 오블리주	ノブレス・オブリージュ
나들이	行楽	노사정[勞使政]	政労使
나름	自分なりの	노숙자[露宿者]	路上生活者/ホームレス
나머지	残りの	노인수발보험[老人-保險]	介護保険
나무라다	とがめる/たしなめる	노조[勞組]	労働組合
나서다	出る/乗り出す	노후	老後
나이	歳	녹색	緑色
나타내다	現す	녹차	緑茶
낙오자	落伍者/落ちこぼれ	논문	論文
낙폭[落幅]	落ち幅	논의[論議]	議論/協議
낙하산 인사[落下傘人事]	天下り人事	놀이공원[-公園]	遊園地
낙후 지역[落後地域]	開発の遅れた地域	농민	農民

농수축산물	農水畜産物	달래다	慰める
농어촌 고령 총각[農漁村高齢総角]	農漁村の高齢未婚男性	달러 대비[-対比]	対ドル
농촌	農村	달력[-暦]	カレンダー
농축 우라늄	濃縮ウラン	달맞이	月見
높이다	上げる/高める	달하다	達する
놓치다	乗り遅れる	담기다	盛られる/込められる
뇌물[賂物]	賄賂	담다	入れる/盛る
누리꾼	ネチズン/ネットユーザー	담당자	担当者
눈꽃 축제[-祝祭]	雪祭り	담백	淡白
눈높이	目線	담아내다	盛り込む
눈높이 교육	レベル別教育	답변	答弁
눈사태[-沙汰]	雪崩	답보 상태[踏歩状態]	足踏み状態
눈에 띄다	目立つ	당근	ニンジン
눈여겨보다	注視する/注目する	당부하다[当付-]	頼む/呼びかける
뉴욕	ニューヨーク	당일치기[当日-]	日帰り
느껴지다	感じられる	당장[当場]	今すぐ/当座の
늘다	増える	당초	当初
늘리다	増やす/伸ばす	당하다[当-]	被る/遭う
늘어나다	増える/のびる	대거[大挙]	一挙に
늦다	遅れる	대관령	大關嶺
늦더위	残暑	대구	大邱(地名)
늦추다	遅くする/ゆるめる	대금	大琴
		대기	大気

ㄷ

다가오다	近づく	대기 오염	大気汚染
다단계 판매[多段階販売]	マルチ商法	대기 화면[待機画面]	待ち受け画面
다리	橋	대법관[大法官]	最高裁判所裁判官
다리	足	대법원장[大法院長]	最高裁判所長官
다문화	多文化	대변인[代弁人]	スポークスマン/報道官
다매체 시대[多媒体時代]	マルチメディア時代	대북 정책[対北政策]	対北朝鮮政策
다반사	茶飯事	대비하다[対備-]	備える
다세대 주택[多世代住宅]	集合住宅	대상	対象
다수	多数	대상자	対象者
다시	再び	대선[大選]	大統領選挙
다양성	多様性	대세[大勢]	大きな流れ/時代の流れ
다양하다	多様だ/様々だ	대신하다[代身-]	代行する/代わりにする
다이어리데이	ダイアリーデー	대안	代案
다이어트	ダイエット	대안 학교[代案学校]	フリースクール/オルタナティブスクール
다큐멘터리	ドキュメンタリー	대응	対応
단골고객[-顧客]	常連客	대입[大入]	大学入試
단군	檀君	대입 전형[大入銓衡]	大学入試選考
단군 신화	檀君神話	대절	貸切
단기	檀紀	대중 교통 수단[大衆交通手段]	公共交通手段
단비	恵みの雨	대지진[大地震]	大震災
단순하다	単純だ	대책	対策
단열 성능[断熱性能]	断熱効果	대청봉	大青峰
단풍[丹楓]	紅葉	대체	代替/代わり
단풍철[丹楓-]	紅葉シーズン	대체로[大体-]	概して
달걀	卵	대출	貸出
		대통령	大統領

대통령 당선인[大統領当選人]	次期大統領	된장녀[-醬女]	外国のブランド製品が好きな見栄っ張りな女性
대폭	大幅		
대피	待避	두 자릿수[-数]	二桁
대피소[待避所]	避難所	두께	厚さ
대피하다[待避-]	避難する	두뇌	頭脳
대학 입시	大学入試	두다	置く
대형 마트[大型-]	大型スーパーマーケット	두드러지다	目立つ
대혼잡	大混雑	두르다	巻く
대화	対話	두만강	豆満江(河川名)
댓글	レス/書き込み	둔화	鈍化/不振
대회	大会	둘러싸다	取り巻く/めぐる
더하다	増す/加える	둥글다	丸い
덕트	ダクト	뒤덮다	覆う
덜다	減らす/軽減する	뒤섞이다	取り交ぜられる/混同される
덮치다	降りかかる/襲う	뒤지다	立ち後れる
뎅기열[-熱]	デング熱	뒷거래[-去来]	裏取引
도대체[都大体]	いったい	뒷전	後ろ/後まわし
도발	挑発/威嚇	드디어	ついに
도심	都心	드라마	ドラマ
도움	助け	드리우다	下げる/垂らす
도출하다[導出-]	導きだす/引きだす	들다	入る/始まる
도호쿠 지방	東北地方	들다	持つ/所持する
독과점[独寡占]	寡占化	들어 올리다	持ち上げる/釣り上げる
독도[独島]	竹島	들이	…入り
독립 유공자[独立有功者]	独立運動功労者	들이다	(資金などを)かける
독성	毒性	등록	登録
독점하다	独占する	등록금[登録金]	授業料
독특하다	独特だ/ユニークだ	등반객[登攀客]	登山客
돌보다	世話をする/面倒をみる	등장하다	登場する
돌봄	世話/ケア	등재되다[登載-]	登録される
돌봄 교육[-教育]	居残り教室/補習教室	등하굣길[登下校-]	通学路
돌잔치	初誕生日のパーティー	디카	デジタルカメラ
돌풍	突風	디자이너	デザイナー
동	ドン(ベトナム通貨)	디즈니	ディズニー
동계[冬季]	冬の	따다	取る
동계 아시안 게임[冬季-]	アジア冬季競技大会	따돌림	仲間外れ/いじめ
동계 올림픽[冬季-]	冬季オリンピック	따라 하다	真似する
동기화 과정	同期化過程	따르다	したがう/つく
동맥경화	動脈硬化	따져 보다	問い詰める/突き詰める
동북 공정	東北工程	딸기	いちご
동북아[東北亜]	北東アジア	때	時/時期
동분서주	東奔西走	떠오르다	浮き上がる/思い浮かぶ
동아리 활동[-活動]	サークル活動	떨어지다	落ちる/下がる
동영상[動映像]	動画	떼	群れ
동의보감	東医宝鑑(朝鮮時代医書)	떼다	離す/外す
동장군	冬将軍	떼죽음	大量死
동족 대결	同族対決	또한	また
동쪽[東-]	東/東方	뚜렷하다	明らかだ
동포	同胞/在外国民	푹	ぐっと
돼지 갈비	豚カルビ	뛰다	駆ける/走る

뜨내기손님	一見客/常連でない客
뜨다	浮かぶ/飛ぶ
뜻	意味
뜻밖	予想外

ㄹ

라니냐 현상	ラニーニャ現象
라인	ライン
랜드	ランド
랩	ラップ
로이터 통신	ロイター通信
로즈가든	ローズガーデン
로하스	LOHAS
루머 유포자[-流布者]	デマを流した人/デマ発信者
루블	ルーブル(フランス通貨)
루피	ルピー
루피아	ルピア
리그전[-戰]	リーグ戦/総あたり戦
리듬 체조[-體操]	新体操
리라	リラ
리빙텔	リビングテル
리트윗	リツイート
링거	点滴

ㅁ

마다	ごとに
마라톤	マラソン
마련	準備/確保
마련되다	つくられる/整う
마마보이	マザコン
마련하다	設ける/用意する
마음	心
마이크로소프트	マイクロソフト
마찬가지	同様
마치	あたかも/まるで
막다	防ぐ
막대	莫大
막장 드라마	あり得ない設定のドラマ
막판	土壇場/最後
만루포[滿壘砲]	満塁打/満塁弾
만설제	万雪祭
만찬	晩餐
만큼	ほど/くらい
만혼	晩婚
만화방[漫畵房]	漫画喫茶
말	馬
말	末
말끝	語尾/言葉尻
말벅지	たくましい太もも

말초적 흥미[末梢的興味]	いたずらな好奇心
말투	言い方
맑다	清い
맛	味
맛보다	味わう
맛집	美味しい店
맞다	迎える
맞대결[-對決]	真っ向勝負
맞벌이	共稼ぎ/共働き
맞선	お見合い
맞추다	合わせる
맞춤형 복지[-型福祉]	個別対応型の福祉
맞춤형 정보[-型情報]	オーダーメード型情報
매출[賣出]	売上
매콤하다	やや辛い/ピリ辛
매파[-派]	鷹派
맥아더 장군[-將軍]	マッカーサー元帥
맥주[麥酒]	ビール
맨손	素手
맺다	結ぶ
머드	マッド/泥
머리카락	髪の毛
먹거리	食べ物
먹구름	暗雲
먹자골목	食べ物横丁/食堂街
먼저	先
먼지	ちり/ほこり
멋지다	素敵だ/格好よい
멍들다	痣ができる
메밀부침	蕎麦粉チヂミ
멕시코	メキシコ
멜로 드라마	恋愛ドラマ
멜로디	メロディ
며칠째	数日続けて/ここ数日
면역력	免疫力
면접시험	面接試験
멸종 위기[滅終危機]	絶滅危惧
명단[名單]	名簿/リスト
명암	明暗
명예 훼손	名誉毀損
명예퇴직(명퇴)[名譽退職(名退)]	早期退職
명운	命運
명품[名品]	高級ブランド
모	某
모건 스탠리	モルガン・スタンレー
모독	冒涜
모든	すべての
모세 혈관	毛細血管
모습	姿/様子
모음곡[-曲]	組曲

모임	会合	미래학자	未来学者
모호하다[模糊-]	曖昧だ	미뤄지다	先送りになる/先延ばしになる
목발[木-]	松葉杖		
목숨	命	미색[米色]	アイボリー
목적	目的	미세 먼지[微細-]	浮遊粒子状物質
몰려들다	集まる/押し寄せる	민망하다[憫惘-]	みていられない/気恥ずかしい
몰리다	集まる/殺到する		
몰카	隠しカメラ/ドッキリカメラ	민박[民泊]	民宿
몸	身体	민방위[民防衛]	民間防衛兵
몸 마케팅	ボディーマーケティング	민방위 훈련	民防衛訓練
몸무게	体重	민족사관	民族史観
몸짱	ナイスバディ	민주적	民主的
못	釘	밀리다	押される
못하다	及ばない/劣る	밀리다	つまっている/溜まる
묘사하다	描写する	및	及び
무너지다	崩れる		
무늬	模様		ㅂ
무려	実に/なんと	바가지 쓰다	ぼられる
무료	無料	바닥	床/底
무모하다	無謀だ	바닷길	海の道
무상 급식 문제[無償給食問題]	給食無料化問題	바라다	願う
무선	無線	바로	まさに/直接
무승부[無勝負]	引き分け/ドロー	바트	バーツ(タイ通貨)
무언극[無言劇]	パントマイム	박근혜	朴槿恵(パク・クネ)
무인 자동차	無人自動車/ロボットカー	박다	打つ
무인 자율 주행 시스템[無人自律走行]	自動走行システム	반상기[飯床器]	食器セット
		반인권	反人権
무인 헬기 택배[無人-機宅配]	無人ヘリによる宅配	반인도적	反人道的
무지개	虹	발[発]	…発/…からの
무차별적[無差別的]	無差別に/あることないこと	발간	発刊/刊行
무한	無限	발굴	発掘
무형 문화재	無形文化財	발달	発達
묵	ムッ(粉末をゼリー状に煮固めた料理)	발령되다	発令される
		발상지[発祥地]	発祥の地
묶다	縛る	발생	発生
문자 메시지[文字-]	携帯メッセージ	발원지[発源地]	水源地
문자 자동 전송[文字自動転送]	メール自動送信	발의	発意
문자서비스[文字-]	メッセージサービス	발전	発展
문체부[文体部]	文化体育部	발하다[発-]	発する
문화어	文化語(北朝鮮標準語)	발효 중[発効中]	発令中
묻지마 범죄[-犯罪]	無差別犯罪	밝히다	明らかにする/発表する
물결	波	밤새/밤사이	夜間/一晩中
물들다	色づく	방공 식별 구역[防空識別区域]	防空識別圏
물밑 교섭[-交渉]	水面下の交渉	방과 후	放課後
물품[物品]	もの/商品	방글라데시	バングラデシュ
뭉게구름	入道雲/積雲	방문	訪問
미군정기[美軍政期]	アメリカ軍政期/連合軍軍政期	방법	方法
		방송가[放送街]	放送界
미드 필더	ミッドフィールダー	방식[方式]	仕方/やり方
미래 차[未来車]	未来型自動車/未来カー	방심[放心]	油断

방안[方案]	方法/方策	보양식[保養食]	養生食
방지	防止	보육 수당[保育手当]	児童手当
방출시키다	放出させる	보충	補充
배	倍	보충역[補充役]	公益勤務要員
배경 음악[背景音楽]	BGM/挿入曲	보통	普通/通常の
배꼽 친구[-親旧]	幼なじみ	본	本
배낭여행[背囊旅行]	バックパック旅行	본고장[本-]	本場
배짱	度胸	본선	本戦
배출권	排出権	본조 아리랑	本調アリラン
배출되다	排出される	볼거리	見所
배출량	排出量	봉지면[封紙麺]	インスタント麺
배출량 감축[排出量減縮]	排出量削減	부담	負担
배치	配置	부대끼다	もまれる/さいなまれる
배타적 경제 수역	排他的経済水域(EEZ)	부동산	不動産
백두산	白頭山(山岳名)	부르다	呼ぶ/招く
백수[白手]	男性のニート	부리다	撒く/ふりまく
백악관[白堊館]	ホワイトハウス	부상	負傷
백조[白鳥]	女性のニート	부서	部署
밸런타인데이	バレンタインデー	부서지다	壊れる
뱃살	お腹の贅肉	부실 공사[不実工事]	手抜き工事
번개	稲妻	부여하다[付与-]	付ける
벌써	もう	부자[富者]	お金持ち
벌어지다	起こる/展開する	부작용	副作用/悪影響
벌이다	くり広げる	부정	不正
범인	犯人	부조[浮彫]	レリーフ
범정부[汎政府]	政府全体	부족	不足
범죄	犯罪	부쩍	うんと/ぐんと
벗어나다	抜け出す/離れる	부채	負債
벚꽃전선[-前線]	桜前線	북방 한계선	北方限界線(NLL)
베이컨	ベーコン	북새통	大騒ぎ
베트남	ベトナム	북송[北送]	北朝鮮への送還
벼락	雷	북태평양	北太平洋
벼랑 끝 외교[-外交]	瀬戸際外交	북한[北韓]	北朝鮮
벽면	壁面	북핵 문제[北核問題]	北朝鮮核問題
변동률	変動率	분리수거[分離収去]	分別収集
별미[別味]	珍味	분위기	雰囲気/ムード
병과	兵科	분장실[扮装室]	楽屋/メイク室
병무청	兵務庁	불거지다	あらわになる/明るみになる
병역 기피[兵役忌避]	兵役逃れ	불과하다[不過-]	過ぎない
병역 비리[兵役非理]	兵役逃れ/兵役をめぐる不正	불구속 기소[不拘束起訴]	在宅起訴
		불꽃	花火
병영[兵営]	兵舎	불다	吹く
병자호란[丙子胡乱]	丙子の乱	불량 식품[不良食品]	ジャンクフード
병행하다	並行する/併行する	불로초	不老草
보관함[保管函]	コインロッカー	불리다	言われる/呼ばれる
보금자리주택[-住宅]	首都圏低価格公共住宅	불법 행위[不法行為]	違法行為
보내다	送る	불법 체류자[不法滞留者]	不法滞在者
보도	報道	불안정하다	不安定だ
보름	15日/半月	불일치	不一致
보복부[保福部]	保健福祉部	불참하다[不参-]	参加しない/欠席する

単語リスト

불청객[不請客]	招かざる客	사냥	狩り
불태우다	燃やす/火をつける	사망	死亡
불필요하다[不必要-]	不要だ	사물놀이[四物-]	四物ノリ
붉다	赤い	사법 당국	司法当局
붉은 악마[-悪魔]	赤い悪魔(サッカー韓国代表チームおよび応援団)	사안	事案/事柄
		사업	事業/ビジネス
붕괴하다	崩壊する	사오정[沙悟浄/四五停]	45歳定年
붙여지다	付けられる	사용 후 연료봉[使用後燃料棒]	使用済み核燃料棒
브랜드	ブランド	사이	間
블랙데이	ブラックデー	사이버 폭력[-暴力]	サイバー暴力
블로그	ブログ	사이버심리전단[-心理戦団]	サイバー心理戦チーム
블룸버그	ブルームバーグ	사전 조율[事前調律]	根まわし
비결	秘訣	사채[私債]	消費者金融
비공식	非公式	사춘기	思春期
비기다	引き分ける	사퇴하다[辞退-]	辞任する
비난	非難	사항	事項
비둘기파[-派]	鳩派	산간	山間
비무장 지대	非武装地帯/DMZ	산골[山-]	山間/山奥
비상	非常/非常事態	산사태[山沙汰]	土砂崩れ
비선 실세[秘線実勢]	影で糸を引く権力者/黒	산성비[酸性-]	酸性雨
비수기[非需期]	閑散期	산업 재해(산재)[産業災害(産災)]	労災
비숙련 노동자	非熟練労働者	산업체[産業体]	企業
비슷하다	似ている/近い	산 정상[山頂上]	山頂
비염	鼻炎	산천어[山川魚]	ヤマメ
비웃다	あざ笑う	산행[山行]	山登り
비유하다	比喩する/たとえる	산후조리원	産後調理院/産後ケア施設
비자금[秘資金]	裏金	살	肉
비전	ビジョン	살결	肌/身
비판하다	批判する	살리다	活かす
비핵화	非核化	살이	生活
빈부 격차[貧富格差]	貧富の差	살펴보다	調べる/よくみる
빗대다	たとえる/言い表す	삼각김밥[三角-]	おにぎり
빗방울	雨粒	삼수[三修]	二浪
빙상[氷上]	アイスリンク/アイススケート	삼중	三重
빙어[氷魚]	ワカサギ	삼촌 부대	三寸部隊(女性アイドルの中年男性ファン)
빚	借金		
빛	光	삼팔선[三八線]	38歳がエリートコースの分岐点
빠져들다	陥る		
빨간불	赤信号	삼팔육 세대	386世代
빼놓다	欠かす	삼포세대[三抛世代]	恋愛・結婚・出産をあきらめた若い世代
빼다	痩せる/引く		
빼빼로데이	ポッキーデー	상대[相対]	相手
		상대방[相対方]	相手
ㅅ		상용화	商用化
사건	事件	상위 버전	上位バージョン
사고	事故	상의[上衣]	上着
사교육비[私教育費]	学校外教育費	상임 이사국	常任理事国
사극[史劇]	時代劇/歴史ドラマ	상처[傷処]	傷
사나이	男前の/男らしい男	상춘객[賞春客]	春の景色を楽しむ客
사내	社内	상황	状況

새	新しい/新	성명	声明
새	…の間/…する間	성별	性別
새롭다	新しい	성사[成事]	成立
새벽	未明	성상납[性上納]	性的接待
새 시대[-時代]	新時代	성수기[盛需期]	ピーク期/繁忙期
새우	エビ	성장	成長
새집 증후군	シックハウス症候群	성적	成績
새터민[-民]	セト民/(在韓)脱北者	성취[成就]	達成
색다르다	風変わりだ	성패[成敗]	成否
샘물	湧き水	성화	聖火
생계	生計	성희롱[性戯弄]	セクハラ
생물	生物	세계 금융 위기	世界金融危機
생사	生死	세계 문화 유산	世界文化遺産
생산	生産	세계 보건 기구[世界保健機構]	世界保健機関(WHO)
생생하다[生生-]	リアルだ	세계 유산	世界遺産
생소하다[生疎-]	不慣れだ/耳慣れない	세계인[世界人]	世界に住む人々
생수[生水]	ミネラルウォーター	세금	税金
생얼 메이크 업[生-]	すっぴんメイク	세다	強い
생태계	生態系	세법 개정안	税法改正案
생태계 교란	生態系の撹乱	세종시	世宗市
서기[西紀]	西暦	센터	センター
서기전[西紀前]	紀元前	센티미터	センチメートル
서라벌	都	셀카	自撮り
서로	互いに	셀카봉[-棒]	自撮り棒
서명 운동	署名運動	셈	わけ
서민	庶民	셧다운제[-制]	シャットダウン制
서툴다/서투르다	下手だ/不器用だ	소금	塩
석방	釈放	소나기	夕立/にわか雨
선군 정치	先軍政治	소나무	松の木
선물하다[膳物-]	プレゼントする	소동	騒動
선방[善防]	好セーブ	소문[所聞]	噂
선별적	選別的/選択的	소문나다	噂になる
선보이다	お目見えする/披露する	소셜 네트워크 서비스	ソーシャルネットワークサービス
선불 요금제[先払料金制]	プリペード制		
선수	選手	소속사[所属社]	(芸能人)所属事務所
선수촌	選手村	소송	訴訟
선심형 정치[善心型政治]	バラマキ政治	소재	素材
선잠	浅い眠り/うたた寝	소통[疎通]	コミュニケーション
선 판매[先販売]	先行販売/予約販売	소형 버스[小型-]	小型バス
선행되다	先行する/先決する	속속	続々
선호하다[選好-]	好む	속도 위반[速度違反]	スピード違反/できちゃった婚
설마	まさか		
설악산	雪岳山	손님맞이	お客を迎えること
설치하다	設置する	손두부[-豆腐]	手作りの豆腐
섬모	繊毛	손맛	手作りの味/手の感触
성게	ウニ	손목	手首
성격	性格	솔로	ソロ
성공	成功	송어[松魚]	マス
성과	成果	송이	房
성매매[性売買]	売買春	송환	送還

単語リスト

쇄국 정책	鎖国政策	시원하다	涼しい/爽快だ
수[繡]	刺繡	시작하다[始作-]	始める
수능 한파[修能寒波]	大学入試時期の寒波	시장 점유율[市場占有率]	マーケットシェア
수능[修能]	大学入試統一試験	시찰하다	視察する
수령	首領	시커멓다	真っ黒だ
수목 드라마	水木ドラマ	시트콤	シット・コム
수비수[守備手]	ディフェンダー	시합	試合
수사	捜査	시행	施行
수송	輸送	시향[市響]	市響楽団
수시로[随時-]	随時/頻繁に	식 재료[食材料]	食材
수용소	収容所	식곤증[食困症]	食後の眠気
수질 오염	水質汚染	식수[食水]	飲み水
수집하다	収集する/集める	신경	神経
수축시키다	収縮させる	신년 연설[新年演説]	年頭演説
수포[水泡]	水の泡	신뢰	信頼
수학 여행	修学旅行	신바람	得意気
수험생	受験生	신붓감[新婦-]	花嫁候補
수확	収穫	신상[身上]	身の上話
숙취[宿醉]	二日酔い	신속히	迅速に
순결성	純潔性	신용 등급[信用等級]	格付
순회 선생님[巡回先生-]	巡回教師	신용 불량자[信用不良者]	不良債務者
숨겨지다	隠される	신이 나다	大はしゃぎする
숫자[-字]	数字/数値/数	신임	新任
숲	林	신재생 에너지[新再生-]	再生可能エネルギー
쉽게	容易に/簡単に	신조어[新造語]	新語
스노 봅슬레이	スノーボブスレー	신종 플루[新種-]	新型インフルエンザ
스마트 시계[-時計]	スマートウォッチ	신토불이	身土不二/地産地消
스마트 카	スマートカー	신흥국	新興国
스마트 폰	スマートフォン	실기	実技
스스로	自ら	실랑이	言い争い
스시집	すし屋	실리다	掲載される
스토리	ストーリー/筋書き	실무 회담[實務會談]	実務者協議
스튜던트 푸어	スチューデントプア	실버데이	シルバーデー
스팸	スパムメール/迷惑メール	실수하다[失手-]	失敗する
스펙	スペック	실업팀[實業-]	実業団
승부 조작[勝負操作]	八百長	실점	失点
승부차기[勝負-]	PK戦	실제로	実際に
시간 외 수당[時間外手当]	残業手当	실질적	実質的
시간당[時間当]	一時間当たり	실천	実践
시공	施工	실태	実態
시급하다[時急-]	緊急だ	심각	深刻
시급한 과제	至急/早急な課題	심근경색	心筋梗塞
시나리오	シナリオ	심판	審判/レフェリー
시도하다[試圖-]	試みる	심혈관계	心血管系
시뮬레이션	シミュレーション	싱글맘	シングルマザー
시민	市民	싱크 홀	シンクホール
시범[示範]	モデル	싸구려	安物
시사하다	示唆する	싸이	サイ(PSY/歌手名)
시선	視線	쌈	包む食べ方/包んで食べる
시선을 끌다	視線を引く/注目される		料理

쌈장녀[-醬女]	経済力を持とうとする女性	압도적	圧倒的
쌓다	積む	압록강	鴨緑江
쌓이다	蓄積される/たまる	압박하다	圧迫する/攻める
썰매	そり	앞두다	控える
쏟아지다	降り注ぐ/あふれる	앞바다	沖合
쓰러지다	倒れる	앞세우다	全面に出す
쓰레기 종량제	ゴミ従量制	앞장서다	先に立つ/リードする
쓰이다	使われる	애교	愛嬌
씨름	シルム(韓国相撲)	애국가	愛国歌/大韓民国国歌
		애니	アニメ
	○	액상화	液状化
아군[我軍]	味方	액자[額子]	額縁
아동 복지법	児童福祉法	앰뷸런스	救急車
아들	息子	앱	アプリケーションソフトウェア
아르바이트	バイト	앵콜	アンコール
아르헨티나	アルゼンチン	야권[野圏]	野党
아리랑	アリラン	야채	野菜
아무런	どのような	약방[薬房]	薬局
아베노믹스	アベノミクス	약세[弱勢]	下落傾向/通貨安
아시아 유럽 정상 회의[-頂上会議] アジア欧州会合 (ASEM)		약수[薬水]	湧き水
		약진	躍進
아시아 태평양 경제 협력체[-太平洋経済協力体] アジア太平洋経済協力 (APEC)		양	羊
		양[孃]	さん/ちゃん
아울렛	アウトレット	양궁	洋弓/アーチェリー
아이언맨	アイアンマン	양극화[両極化]	二極化
아직	まだ	양보하다	譲歩する
아토피	アトピー	양식	養殖
아파트	アパート/マンション	양육권	養育権
아프간	アフガニスタン	양육비	養育費
악보	楽譜	양측[両側]	双方
악성 루머[悪性-]	悪質なデマ/誹謗中傷	양파[洋-]	タマネギ
악플[悪-]	悪質レス	어깨	肩
악화시키다	悪化させる	어느 날	ある日
안개	霧	어른 아이 할 것 없이	大人も子供も
안기부[安企部]	国家安全企画部	어린이집	保育所
안무[按舞]	振り付け	어쩔 수 없이	仕方なく
안전	安全	어차피[於此彼]	どうせ
안전 보장 이사회(안보리)	安全保障理事会(安保理)	억울함[抑鬱-]	悔しさ/無念さ
안전 불감증[安全不感症]	安全意識欠如	언급하다	言及する/触れる
안팎	内外/前後	언론[言論]	マスコミ
알뜰	やりくり上手	언어 장벽[言語障壁]	言葉の壁
알뜰폰	節約型格安フォン/お買い得フォン	얹다	のせる
		얻다	得る
알려지다	知られる/伝えられる	얼굴	顔
알록달록	色とりどり/まだらに	얼다	凍る
알림장[-帳]	連絡帳	얼음	氷
알몸	裸	얼짱	イケメン/美人
알아서	自ら/自動で	얼핏	ちらっと/一見
알코올	アルコール	엄밀히	厳密に
		엄정하다	厳正だ

엄친딸[-親-]	母の友人の娘	열 손실	熱損失
엄친아[-親-]	母の友人の息子	열대야	熱帯夜
업체[業体]	企業/業者	열섬 현상[-現象]	ヒートアイランド現象
엇갈리다	行き違う	열성팬[熱性-]	熱狂的なファン
엉덩이	尻	열악하다	劣悪だ
엉짱	美尻	영감[霊感]	インスピレーション
엎친 데 덮친 격[-格]	泣き面に蜂	영남 지방	嶺南地方
에너지 절약[-節約]	省エネ	영서	嶺西(地名)
에너지 제로	ゼロ・エネルギー/ゼロエネ	영양제	栄養剤/サプリメント
엔저[円低]	円安	영유권	領有権
에볼라	エボラ	영향	影響
엔진	エンジン	영화학도[映画学徒]	映画を志す者
엘니뇨 현상[-現象]	エルニーニョ現象	예능 프로그램[芸能-]	バラエティ番組
엠블렘	エンブレム	예비역[予備役]	予備軍
여가부[女家部]	女性家族部	예산	予算
여객	旅客	예산안	予算案
여건[与件]	条件/状況/環境	예산안 처리[予算案処理]	予算案決議
여과[濾過]	ろ過	예상	予想
여권[与圏]	与党	예선전[予選戦]	予選
여념	余念	예전	昔/以前
여력	余力/力	오는	来たる
여름철	夏	오늘날	今日
여보쇼오	もしもし	오대천	五台川
여심몰이[女心-]	女性の心をつかむこと	오락실[娯楽室]	ゲームセンター
여야[与野]	与野党	오래가다	長く続く
여정[旅程]	みちのり/過程	오렌지족[-族]	江南に移ってきた富裕層の息子
여친[女親]	彼女		
역내	域内	오롯이	すべて
역도[力道]	重量挙げ	오륙도[五六島/五六盗]	56歳まで働いたら泥棒
역발상[逆発想]	逆転の発想	오르다	上がる
역사 인식	歴史認識	오바마	オバマ
역점	力点	오빠 부대	オッパ部隊
연구	研究	오염수	汚染水
연구 성과	研究成果	오염수 유출[汚染水流出]	汚染水漏れ
연금보험	年金保険	오장[五臓]	五臓(肝臓/心臓/脾臓/肺臓/腎臓)
연기하다	延期する		
연달다[連-]	相次ぐ/続く	오존층[-層]	オゾン層
연료특별부가운임[燃料特別付加運賃]	燃油サーチャージ	오징어	イカ
		오토바이	バイク
연성 이슈[軟性-]	取り組みやすい課題	오페라	オペラ
연쇄 부도[連鎖不渡]	連鎖倒産	오피스텔	オフィス兼住居用小型マンション
연안	沿岸		
연어 알[鰱魚-]	イクラ	오해	誤解
연예계[演芸界]	芸能界	오히려	かえって/むしろ
연예 병사[演芸兵士]	芸能(人)兵士	옥탑방[屋塔房]	屋上部屋(最も安い住宅)
연예인[演芸人]	芸能人/タレント	온난화	温暖化
연인	恋人	온실가스[温室-]	温室効果ガス
연착륙	軟着陸/ソフトランディング	올	今年
연탄불[練炭-]	練炭の火	올레길	表通りと家を結ぶ小道
연평도 포격 사건	延坪島砲撃事件	올리다	上げる

올림픽 존	オリンピックゾーン	월급쟁이[月給-]	サラリーマン
올해	今年	월남 전쟁[越南戦争]	ベトナム戦争
옮겨 오다	移ってくる	월드컵	ワールドカップ
왕따	イジメ/仲間外れ	웨어러블 디바이스	ウェアラブル端末
왕자병[王子病]	王子様気取り	웨이팅	キャンセル待ち
외국 국적 동포	外国国籍同胞	웰빙	ウェルビーイング(Well being)/健康志向の
외노협[外労協]	外国人移住労働者対策協議会	웹	ウェブ/web
외모[外貌]	外見	위기	危機
외벽	外壁	위상[位相]	地位/位置付け
외부	外部	위안화[-貨]	人民元
외부모[-父母]	片親	위주[為主]	中心
외유내강	外柔内剛	위축시키다	萎縮させる
외통부[外通部]	外交通商部	위협	脅威
외환 위기[外換危機]	通貨危機	유기농[有機農]	無農薬/オーガニック
요양 보호사[療養保護士]	介護ヘルパー	유난히	とりわけ
요양병원	療養病院	유네스코	ユネスコ
요즘	最近	유라시아	ユーラシア
용납[容納]	容認/許容	유럽 순방[-巡訪]	ヨーロッパ歴訪
우려하다[憂慮-]	懸念する	유리	有利
우박[雨雹]	ひょう	유리[琉璃]	ガラス
우선 순위	優先順位	유리창[琉璃窓]	窓ガラス
우선하다	優先する	유엔	UN/国連
우수	優秀	유일하다	唯一だ
우승	優勝	유입[流入]	入り込む
우승자	優勝者	유치하다	誘致する
우엉	ゴボウ	유포되다[流布-]	流される/言いふらされる
우울증[憂鬱症]	うつ病	육군 모집병	陸軍募集兵
우울하다	憂鬱だ	육즙	肉汁
우정	友情	융복합[融複合]	融合
우즈베키스탄/우즈베크	ウズベキスタン	융자[融資]	融資/ローン
우회	迂回/遠回し	융합하다[融合-]	溶け込む
운동권[運動圏]	学生運動	은	銀
운전자[運転者]	ドライバー	은어[銀魚]	鮎
운행	運行	음성화[陰性化]	陰湿化
울려 퍼지다	鳴り響く	음식 문화[飲食文化]	食文化
움직이다	動く	음식물 쓰레기[飲食物-]	生ゴミ
웃돌다	上回る	응급실[応急室]	救急センター
워드 파일	ワードファイル	응원	応援
원격 지원	遠隔支援	의도	意図
원격 진료	遠隔診療	의무 병역 제도	義務兵役制度
원내[院内]	議院内	의원	議員
원룸텔	ワンルームマンション	의원 총회	議員総会
원인	原因	의지	意志
원자재 시장[原資材市場]	原材料市場	의혹	疑惑
원전[原電]	原発	이란	イラン
원정 경기[遠征競技]	アウェー	이런저런	そんなこんな/あれこれ
원정 출산[遠征出産]	海外出産	이례적[異例的]	異例の
원천 기술[源泉技術]	コア技術	이롭다[利-]	得だ/効き目がある
원화[-貨]	ウォン	이뤄지다	成される

이르다	早い	일몰[日沒]	日入り
이르다	達する	일밤[日-]	日曜の夜の番組
이른바	いわゆる	일벌레	仕事の虫/ワーカホリック
이모[姨母]	叔母/叔母さん	일본대지진[日本大地震]	東日本大震災
이방인	異邦人	일본 정벌[日本征伐]	元寇
이사국	理事国	일부러	わざと/わざわざ
이산가족 상봉[離散家族相逢] 離散家族再会		일손	人手
이산화탄소	二酸化炭素	일수	日数
이산화탄소 발생 제로[二酸化炭素発生-]		일용직[日用職]	日雇い
	二酸化炭素(CO_2)ゼロ	일원	一員
이색	異色/変わり種	일으키다	引き起こす
이슈	話題	일인극[一人劇]	一人芝居
이어도	離於島	일일 연속극[日日連続劇]	連続ドラマ
이어지다	…つながる/…引き起こす	일자리	働き口/雇用
이에 따라	これにより/従って	일제 강점기[日帝強占期]	植民地期
이에 앞서	これに先立ち	일제[日帝]	大日本帝国/日本帝国主義
이역만리[異域万里]	遠い異国	일제히	一斉に/こぞって
이웃	隣人	일찍	早く
이익	利益	일출[日出]	日の出
이재민[罹災民]	被災者	일환	一環
이중 언어[二重言語]	バイリンガル	임금	賃金
이태백[李太白/二太白]	20代の大半はフリーター	임시직	臨時職
이행	履行	임진강	臨津江
이행하다	履行する	임진왜란[壬辰倭乱]	文禄慶長の役
이혼	離婚	임플란트	インプラント
이후	以後	입다	着る/被る
인간문화재[人間文化財]	人間国宝	입대	入隊
인공 강우	人工降雨	입맛	食欲
인구론[人口論/人九-]	人文系卒業生の90%は仕事なし	입맛을 사로잡다	(味の)虜にする
인권	人権	입시 지옥	入試地獄
인근[隣近]	付近/近場	입시 철[入試-]	入試シーズン
인기	人気	입양[入養]	養子縁組
인디 밴드	インディーズバンド	입영	入営/入隊
인력[人力]	人材	입자	粒子
인류 무형 유산[人類無形遺産] 人類の無形文化遺産		입주 기업[入住企業]	入居企業
인성 교육[人性教育]	人格形成を重視した教育		ㅈ
인수위원회(인수위)[引受委員会(引受委)] 引き継ぎ委員会		자금	資金
인승[人乗]	~人乗り	자녀	子女/子供
인식	認識	자동차세	自動車税
인정받다[認定-]	認められる	자랑하다	自慢する/誇る
인파	人波	자세	姿勢
인프라 확충[-拡充]	インフラ拡充	자아	自我
일괄 타결	一括妥結	자아관[自我観]	自己イメージ/セルフイメージ
일교차[日較差]	一日の気温差	자연 조명	自然照明
일기 예보[日気予報]	天気予報	자외선	紫外線
일대	一帯	자원 입대자[自願入隊者]	入隊志願者
일례	一例	자원봉사[自願奉仕]	ボランティア
일명[一名]	その名も	자유 출근제[自由出勤制]	フレックスタイム

자유의 여신상	自由の女神象	저마다	それぞれ
자유학기제	自由学期制	저소득층	低所得層
자율성[自律性]	自主性	저장하다	貯蔵する
자장면/짜장면[-麺]	(韓国式)ジャージャー麺	저출산[低出産]	少子化
자책골[自責-]	オウンゴール	저탄소	低炭素
자체 상표[自体商標]	自社ブランド	적군[敵軍]	敵
자체 생산[自体生産]	独自生産	적나라하다[赤裸裸-]	赤裸々だ
자퇴원[自退願]	退学届	적당히	適当に
작년[昨年]	去年	적용되다	適用される
작성하다	作成する/つくる	적조 현상[赤潮現象]	赤潮
작전	作戦	전개	展開
잘 보이다	良い印象を与える/よく見られる	전경[戦警]	戦闘警察
		전기 모터[電気-]	電気モーター
잘나가다	売れている/人気がある	전념하다	専念する
잠재적	潜在的	전달하다[伝達-]	渡す
잡기	捕り/つかみ取り	전라북도	全羅北道
잡다	つかむ/見積もる/捉える	전망	展望
잡히다	つかまる/とれる	전시회	展示会
장거리 로켓	長距離ミサイル	전원	電源
장관	長官	전자 박람회	電子博覧会
장관급 회담[長官級会談]	閣僚級会談	전쟁터[戦争-]	戦地
장기 공연[長期公演]	ロングラン	전주	全州
장년층[壮年層]	中年層	전체	全体
장려금	奨励金	전통	伝統
장롱 면허[欌籠免許]	お蔵入りした免許/ペーパードライバー	전투	戦闘
		전학[転学]	転校
장마	梅雨	절감[節減]	削減
장마 전선[-前線]	梅雨前線	절상[切上]	切り上げ
장마철	梅雨	절실하다[切実-]	切に望まれる
장수	長寿	절이다	漬ける
장신	長身	절정[絶頂]	ピーク
장애인[障碍人]	障害者	절제되다[節制-]	節度が保たれる
장터[場-]	市場	절친[切親]	非常に親しい友人
장학금 제도	奨学金制度	젊은이	青年/若者
재가동	再稼働	점	点
재계[財界]	経済界	점도	粘度
재능	才能	점원	店員
재벌 해체	財閥解体	점잖다	品がある
재생	再生	점차[漸次]	徐々に/だんだん
재수[再修]	浪人/一浪	접하다[接-]	接する
재원	財源	정경 유착[政経癒着]	政治と企業の癒着
재탄생[再誕生]	復活	정권	政権
재테크[財-]	財テク	정규직[正規職]	正社員
재판부[裁判部]	裁判所	정모[定-]	会員定期集会
재해 예보 시스템	災害予報システム	정보관	情報官
재활[再活]	リハビリ	정보 통신 기술	情報通信技術(ICT)
재활용 쓰레기[再活用-]	リサイクルゴミ	정상	正常/正常の
쟁점	争点	정상 간[頂上間]	首脳間の
저가 노동력[低価労働力]	低賃金の労働力	정상 회담[頂上会談]	首脳会談
저가 항공[低価航空]	格安航空/LCC	정서적	情緒的

정신	精神/メンタル	주택청약저축[住宅請約貯蓄]	住宅購入用積立貯金
정신 건강	精神的健康/精神衛生	주폭[酒暴]	アルハラ
정장	正装	주홍빛[朱紅-]	朱色
정전 협정장[停戰協定場]	休戦協定調印の場所	준예산[準予算]	暫定予算
정책	政策	줄	列/本(助数詞)
정책 행보[政策行歩]	選挙行脚/遊説	줄다	減る
정체성[正體性]	アイデンティティ	줄이다	減らす
정치권[政治圈]	政界	줄 줄이	そろって/軒並み
제공	提供	줌마 부대	アジュンマ(おばさん)部隊
제목	題目/タイトル	중년 이혼[中年離婚]	熟年離婚
제소	提訴	중부 지방	中部地方
제안	提案	중산층[中産層]	中産階級
제안하다	提案する	중소기업	中小企業
제외하다[除外-]	除く	중순	中旬
제자리걸음	横ばい	중이염	中耳炎
제재 조치	制裁措置	중증 질환	重症疾患
제철	旬/シーズン	중환자실[重患者室]	集中治療室
제치다	押しのける	즐기다	楽しむ/好む
조[組]	グループ	즙[汁]	エキス
조각	彫刻	증가	増加
조각	かけら	증가하다	増加する
조국 평화 통일 위원회(조평통)	祖国平和統一委員会(祖平統)	증거	証拠
		증액	増額
조금만	もう少し	증인	証人
조류 독감[鳥類毒感]	鳥インフルエンザ	지각 변동	地殻変動
조별 리그[組別-]	予選リーグ	지구 온난화	地球温暖化
조사	調査	지나다	すぎる
조선족	朝鮮族	지나치다	度がすぎる/行きすぎる
조성	造成	지난밤	昨夜
조속하다[早速-]	早急だ	지난해 같은 기간[-期間]	去年の同じ時期/昨年同期
조이스틱	ジョイスティック	지름	直径
조작 없이	操作なしで	지리산	智異山
조절하다	調節する	지목하다[指目-]	注目する/指す
조정하다	調整する	지반 침하	地盤沈下
조조할인	早朝割引	지법[地法]	地方裁判所/地裁
조종간	操縦桿	지붕	屋根
조폭[組暴]	組織暴力団	지수	指数/数値
조회 수[照会數]	検索件数	지원	支援
졸업 유예[卒業猶予]	自主留年	지원 행사	支援行事
좀처럼	なかなか	지원하다	志願する
종북좌파	従北左派	지자체[地自体]	地方自治体
종편[總編]	総合編成チャンネル	지적	指摘
좌절	挫折	지지	支持
주 메뉴[主-]	看板メニュー	지지자	支持者
주말 드라마[週末-]	週末ドラマ	지진 해일 주의보[地震海溢注意報]	津波注意報
주목	注目	지키다	守る
주목 받다	注目される	지평선	地平線
주문하다	注文する/求める	지향점[指向点]	目指すところ
주방[廚房]	台所	직결되다	直結する
주장	主張	직화 구이[直火-]	直火焼き

진달래	ツツジ	채화	採火
진도	震度	책임자	責任者
진도	珍島	처마	軒
진료비	診療費/医療費	처방	処方/解決案
진실	真実	천둥	雷
진앙지[震央地]	地震の震源地	천식	喘息
진짜	本当に/本物の	천지	天池
진출	進出	천진난만하다	天真爛漫だ
진행	進行	철야	徹夜
진행하다	進行する/進める	철원	鉄原(地名)
질문	質問	철저히[徹底-]	徹底的に
짐	荷物	첨단[尖端]	先端
집	家/店	첫	初/一回目
집 먼지 진드기	家ダニ	청년[青年]	若者
집계하다	集計する	청문회	聴聞会
집단적	集団的	청산하다	清算する
집요	執拗	청소년	青少年
집중	集中	청소하다[清掃-]	掃除する
집중하다	集中する	청와대[青瓦台]	韓国大統領官邸
집중 호우	集中豪雨	청춘들[青春-]	若者たち
집행 유예	執行猶予	청춘사업[青春事業]	恋愛
짓밟다	踏みにじる	청취하다	聴取する
짜증	イライラ	체내	体内
짝퉁	偽物/イミテーション	체지방률	体脂肪率
짱	最高	체포	逮捕
찌꺼기	屑/残りもの	체험	体験
찜질방[-房]	サウナ	체험장[体験場]	体験コーナー
	ㅊ	초고층 건물[超高層建物]	超高層ビル
차	車	초등학교[初等学校]	小学校
차다	満ちる/いっぱいになる	초록색[草緑色]	緑色/若草色
차별화되다[差別化-]	差別化する/一線を画す	초미세 먼지[超微細-]	微小粒子状物質
차세대	次世代	초보자[初歩者]	初心者
차원	次元/レベル	초저녁[初-]	日暮れ時
착취	搾取	초조하다[焦燥-]	焦る
참	本物	초청	招請
참가	参加	초콜릿 복근[-腹筋]	チョコレート腹筋
참가하다	参加する	촉구하다[促求-]	促す/求める
참다	我慢する	총리	総理
참살이	真の生活	총선[総選]	総選挙
참석하다[参席-]	出席する	총출동	総出動/勢ぞろい
참전하다	参戦する	최근	最近
창바이산[-山]	長白山	최대	最大
창업하다[創業-]	開業する	최소화	最小化
창의 교육	創意教育	최소화시키다	最小化する
창조경제	創造経済	최첨단[最尖端]	最先端
창출하다[創出-]	作り出す	추가 시간[追加時間]	アディショナルタイム
채소[菜蔬]	野菜	추가 경정 예산(추경)[追加更正予算(追更)]	補正予算
채우다	満たす/埋める	추락하다	墜落する/下落する
채팅	チャット	추모 공연[追慕公演]	追悼公演

추세[趨勢]	傾向	컵얼음	カップ氷
추위	寒さ	코러스	コーラス
추인하다	追認する	코스닥	コスダック
추정되다[推定-]	推測される	코털	鼻毛
축구[蹴球]	サッカー	콘텐츠	コンテンツ
축적하다	蓄積する/積む	콜레스테롤	コレステロール
축제	祝祭/祭り	쾌적하다	快適だ
출산율[出産率]	出生率	퀘세틴	クェルセチン/ケルセチン
출신	出身	크기	大きさ
출연	出演	크로스	クロス
출입국 관리국[出入国管理局]	入国管理局/入管	클라리넷	クラリネット
춤사위	踊りの型		ㅌ
충북 지방[忠北地方]	忠清北道地方		
취약 계층[脆弱階層]	社会的弱者層	탄도 미사일[弾道-]	弾道ミサイル
취업[就業]	就職	탄탄하다	丈夫だ/堅実だ
취업난[就業難]	就職難	탈것	乗物
취업률	就業率	탈북민	脱北民/脱北者
취지	趣旨	탈북자	脱北者
취집[就-]	就職の代わりとしての結婚	탐방객[探訪客]	訪問客/行楽客
취하다[取-]	取る/選ぶ	태도	態度
취학률	就学率	태양광 발전[太陽光発電]	ソーラー発電
측정 센서	測定センサー	태양광 패널	太陽光パネル/ソーラーパネル
치다	打つ/声を上げる		
치맛바람	スカートの風	태풍	台風
치매[癡呆]	痴呆/認知症	태풍 프란시스코	台風27号(2013年)
치맥[-麦]	チキンとビール	택견	テッキョン
치솟다	上昇する	탱크	タンク
치안	治安	탱탱하다	はち切れそうだ/ぷりぷりだ
치열하다	熾烈だ/激しい	터미널	ターミナル
친밀감[親密感]	親密さ	터전	生活の拠り所/基盤
친선 경기[親善競技]	親善試合	터키	トルコ
친절	親切	털어놓다	ぶちまける/打ち明ける
친친[親親]	親しい友人	테너	テナー/テノール
친환경[親環境]	エコ/環境にやさしい	텔레비전	テレビ
침수되다	浸水する	토너먼트	トーナメント
침술원[鍼術院]	鍼灸院	토양[土壌]	風土
침체[沈滞]	低迷	톡톡	ポンポン(擬声語)
		통배추	丸ごとの白菜
	ㅋ	통보	通報/通知
카카오톡	カカオトーク	통일 방안	統一方案
카타르	カタール	통일 신라	統一新羅
칸막이 행정[-行政]	縦割り行政	통일대박론[統一大-論]	統一大舶論/統一機会到来論
칼퇴근[-退勤]	定時退社		
캐릭터	キャラクター	통일부	統一部
캠프	キャンプ/陣営	통일 전망대	統一展望台
캠프촌[-村]	キャンプ場	통째	丸ごと
캥거루족[-族]	カンガルー族	통화	通貨
커지다	大きくなる/多くなる	투입	投入
커튼콜	カーテンコール	투입하다	投入する
컨설턴트	コンサルタント	트위터	ツイッター

특검[特檢]	特別檢察官	폭설[暴雪]	大雪
특별히	特別に	폭염[暴炎]	猛暑
특보[特報]	特別注意報	폭풍 해일[暴風海溢]	暴風波浪
특허	特許	폭행 교사[暴行教唆]	暴力教師
튼튼하다	丈夫だ/たくましい	폴란드	ポーランド
티를 내다	…ぶる	표명하다	表明する/表す
팀	チーム	표시	表示
		표시되다[表示-]	表示される
	ㅍ	표현	表現
파괴	破壊	풀다	解く
파스	湿布	풀어 놓다	放つ
파악되다	把握される	풀이되다	解釈される
파업[罷業]	ストライキ	풍금[風琴]	オルガン
파운드	ポンド(英国通貨)	풍모	風貌/姿
파일 변환	ファイル変換	풍요롭다[豊饒-]	豊かだ
파일럿	パイロット	퓨전 사극[-史劇]	創作時代劇
파트별	パート別	퓨전 요리[-料理]	無国籍料理/創作料理
판	板	프로세스	プロセス
판문점	板門店	프로젝트	プロジェクト
판소리	パンソリ	플루토늄	プルトニウム
판이하다[判異-]	全く違う	피	血
팔뚝	腕	피겨	フィギュアスケート
팬	ファン	피랍[被拉]	拉致されること
팬미/팬미팅	ファンミーティング	피서객	避暑客
팽이치기	コマまわし	피싱	振り込め詐欺
팽팽하다	五分五分だ/伯仲している	피의자	被疑者
퍼져 나가다	広がる	피콜로	ピッコロ
퍼지다	広まる	피해자	被害者
페널티 킥	ペナルティキック	픽업아티스트	ピックアップアーティスト/
페달	ペダル		ナンパ師
페소화[-貨]	ペソ		
페트병[-瓶]	ペットボトル		ㅎ
펭귄아빠	ペンギンパパ(金銭的余裕	하계 올림픽[夏季-]	夏季オリンピック
	がなく海外にいる家族に	하나원	ハナ院
	会いに行けない父親)	하늘	空
편곡되다	編曲される	하늘색	空色
편하다[便-]	楽だ	하도급[下都給]	下請け
펼치다	広げる/展開する	하순	下旬
평[評]	評価/評判	하우스 푸어	住宅債務者/住宅ローン
평생 교육[平生教育]	生涯教育		返済に苦しむ人
평생 학습관[平生教育学習館]	生涯学習センター	하위 문화[下位文化]	サブカルチャー
평창	平昌(地名)	하이브리드차[-車]	ハイブリッドカー
폐건전지 수거함[廢乾電池収去函]	使用済み電池の回収箱	학구열[学究熱]	学習熱
		학대	虐待
폐포	肺胞	학력	学歴
포기하다[抛棄-]	あきらめる	학벌	学閥
포도따기[葡萄-]	葡萄狩り	학부모[学父母]	(生徒の)保護者
포함하다[包含-]	含む	학습	学習
포화	砲火	학습법	学習法
폭등	暴騰	학자금	学資

178

単語リスト

한	ある	핵심 코드[核心-]	キーワード
한	恨	핵확산금지협약[核拡散禁止協約]	核拡散防止条約(NPT)
한 해	一年		
한강의 기적	漢江の奇跡	핸들	ハンドル
한겨울	真冬	햇볕정책[-政策]	太陽政策
한국 전쟁[韓国戦争]	朝鮮戦争	햇빛	日光/日差し
한국교육개발원	韓国教育開発院	햇살	日ざし/太陽の光
한껏	思い切り	행사	行事
한민족[韓民族]	朝鮮民族	행위	行為
한바탕	ひとしきり	행정 도시	行政都市
한반도[韓半島]	朝鮮半島	향후[向後]	今後
한발 더 나아가	一歩進んで/さらに	허구[虚構]	フィクション
한양	漢陽	허기[虚気]	空腹感
한옥[韓屋]	韓国伝統家屋	허벅지	太もも
한우[韓牛]	韓国産の牛肉	헌옷 수거함[-収去函]	古着回収箱
한일 합방[韓日合邦]	日韓併合	헤알	レアル
한일 협정[韓日協定]	日韓基本条約	헤치다	克服する
한중일[韓中日]	日中韓	현대차[現代車]	現代(ヒュンダイ)自動車
한창	真っ盛り/真っ最中	현상	現象
할 일	やること	현수막[懸垂幕]	横断幕
할배	おじいちゃん/おじいさん	현실	現実
함량	含量/含有量	현역	現役/現役兵
함박눈	ボタン雪	현혹되다[幻惑-]	惑わされる
함박웃음	満面の笑み	혈세	血税
함유되다[含有-]	含まれる	협상[協商]	協議/交渉
합병증	合併症	협찬사[協賛社]	スポンサー企業
합의	合意	형편[形便]	都合/暮らし向き
합주단	合奏団/アンサンブル	혜택[恵沢]	恩恵
핫팩	使い捨てカイロ	호기심	好奇心
항산화	抗酸化	호소하다[呼訴-]	訴える
항암 효과[抗癌効果]	抗がん作用	호우	豪雨
해	害	호주[豪州]	オーストラリア
해결하다	解決する	호황[好況]	好景気
해고 규제 완화	解雇規制緩和	호흡기	呼吸器
해금	奚琴	호흡기 질환	呼吸器疾患
해넘이	日入り	혼수[婚需]	結納
해돋이	日の出	혼혈	混血/ハーフ
해맑다	純粋だ/無邪気だ	홀인원	ホールインワン
해물스파게티	シーフードスパゲティ	홈경기[-競技]	ホーム試合
해발	海抜/標高	홍보[弘報]	広報
해방되다	解放される	홍삼차	紅参茶
해법[解法]	解決策	홍수	洪水
해수면 상승[海水面上昇]	海面上昇	홍역[紅疫]	はしか
해악	害悪	화가 나다[火-]	腹が立つ
해양 경찰(해경)	海洋警察(海警)	화려하다[華麗-]	華やかだ
해양 쓰레기[海洋-]	海洋ゴミ	화석 연료	化石燃料
해역	海域	화이트데이	ホワイトデー
해일[海溢]	津波	확고히[確固-]	確かに
해킹	ハッキング	확대되다[拡大-]	広がる
핵무기[核武器]	核兵器	확장하다	拡張する/広がる
핵심	核心		

환갑[還甲]	還暦		MB	李明博
환경 영향 평가[環境影響評價]	環境アセスメント		PC 보안[-保安]	PCセキュリティ
			PC방[-房]	ネットカフェ
환불[還拂]	払い戻し		SOC	社会間接資本(Social Overhead Capital)
환승[換乘]	乗り換え			
환율[換率]	為替レート		TV 프로그램	テレビ番組
활성화	活性化		UN군[-軍]	国連軍
핫김에[火-]	腹立ちまぎれに		YS	金泳三
황금 골반[黃金骨盤]	黄金の骨盤			
황금 시간대[黃金時間帶]	ゴールデンタイム		### 123	
황금연휴[黃金連休]	ゴールデンウィーク		1/4분기[-分期]	第1四半期
황사	黄砂		1급수	一級水(水質等級)
황태[黃太]	干したスケトウダラ		1등급[-等級]	最高級
회[膾]	刺身		1분여 간[-分余間]	1分間あまり
회	回		1인 가구[-人家口]	単身世帯
회복되다	回復する		1차[-次]	1次的
회오리 바람	突風		1회 말[-回末]	1回裏
회전목마[回轉木馬]	メリーゴーランド		1회 초[-回初]	1回表
획일화	画一化		20-50클럽	20-50クラブ
효도관광[孝道觀光]	親孝行観光		3・1운동[-運動]	3·1独立運動
효율적	効率的		3D업종[-業種]	3K職場
후두염	喉頭炎		3D 프린팅 기술	3D プリンター技術
후보	候補		3공	第3共和国/朴正熙政権
후유증	後遺症		3국 공조[-国共助]	3国協調
후자	後者		3대 세습	3代世襲
훈남[薰男]	癒し系男子		4.19	4.19革命
훈훈하다[薰薰-]	心温まる/温かい		4.3	済州島4.3事件
휘발유 엔진[揮發油-]	ガソリンエンジン		4강[-强]	ベスト4
휠체어	車いす		5.18	5.18光州民主化運動
휴게소	休憩所/サービスエリア		5공[-共]	第5共和国/全斗煥政権
휴대 전화	携帯電話		5대 취약 통화[-大脆弱通貨]	脆弱な5通貨
휴일	休日		6.25	朝鮮戦争
흉금	胸襟		6.25 전쟁[-戰爭]	朝鮮戦争
흑색선전[黑色宣傳]	誹謗中傷		6자 회담[-者会談]	6ヵ国協議
흔들다	揺るがす		88만원세대	88万ウォン世代
흔들리다	揺れる/揺れ動く		88올림픽	ソウルオリンピック(1988)
흡수 통일	吸収統一		8강[-强]	ベスト8
흡착	吸着/付着			
희로애락	喜怒哀楽			
히트아일랜드	ヒートアイランド			
힐링	ヒーリング			
힘들다	疲れる			
힙합	ヒップホップ			

ABC

DJ	金大中
G20 정상 회담[頂上会談]	G20サミット
IMF사태[-事態]	アジア通貨危機
IMF위기[-危機]	アジア通貨危機
JP	金鐘泌

監　修
浜之上幸(はまのうえ・みゆき)

著　者
姜英淑(カン・ヨンスク)
金賢信(キム・ヒョンシン)
孟信美(メン・シンミ)
印省熙(イン・ソンヒ)
秋賢淑(チュ・ヒョンスク)
林史樹(はやし・ふみき)

CD付　KBSニュースで 楽しく学ぶハングル時事

2015年 4月 6日　初版発行

監　修　浜之上幸
著　者　姜英淑・金賢信・孟信美・印省熙・秋賢淑・林史樹
発行者　佐藤康夫
発行所　白帝社
　　　　〒171-0014　東京都豊島区池袋2-65-1
　　　　電話 03-3986-3271　FAX 03-3986-3272
　　　　http://www.hakuteisha.co.jp/
　組版　世正企画
　印刷　平河工業社　製本　若林製本所
　カバーデザイン　アイ・ビーンズ

Printed in Japan 〈検印省略〉　　ISBN 978-4-86398-189-8
　　　　　　　　　　　　　　　＊定価は表紙に表示してあります。

『KBSニュースで楽しく学ぶハングル時事』
別冊和訳例と解答

白帝社

SECTION1　政治

記事訳例

① 与野党、争点となる懸案事項、一括妥結を前に最終の協議中

　与野党が予算案と国家情報院改革法案など、争点となる懸案事項をめぐって、一括妥結を試みています。与党と野党の院内の指導部は、国会で頻繁に接触し、国家情報院改革法案などの争点について詰めの調整を行っています。野党は国家情報院の情報官の権限を法律で明示しようと主張する一方、与党は情報機関の活動を萎縮させかねないとして、反対するものと伝えられています。

　これに先立ち、与野党間では、新年の予算案の主要項目、所得税最高税率の課税標準を低くする税制改正案などに対し、意見の歩み寄りがありました。これによって、与野党が国家情報院改革法案に合意すれば、一括妥結が可能になるものと思われます。しかし、合意案を導きだせなければ、予算案決議が先延ばしとなり、暫定予算編成の事態につながる可能性もあります。

　また、サイバー心理戦チームの違法行為に対する処罰規定も関連法に明示することにしました。与野党両党はそれぞれ議員総会を開き、こうした案を追認し、すぐに国家情報院改革特別委員会の全体会議を開き、改革案を通過させる予定です。

② 新政府5大国政目標、21の国政課題を発表

　朴槿恵次期大統領の大統領職引き継ぎ委員会は、記者会見を通じ、今日発表される国政課題は「希望の新時代」という国政ビジョンの下、5大国政目標と20大国政戦略、140の国政課題からなっていることを明らかにしました。

　5大国政目標は、雇用中心の創造経済、個別対応型の福祉、安全と統合の社会、朝鮮半島の安全保障と平和に向けた統一時代の基盤構築、創意教育の文化国家と定められたということです。また、経済と福祉、教育・文化、社会、外交・安保など、5つの分野に分け、設定された国政目標の下に20大国政戦略も設けました。

国政課題には、北朝鮮の核実験に備えた国防費増額や情報通信技術産業の融合、社会的雇用拡大、農水畜産物流通構造の合理化、公的機関の負債削減、国民幸福基金造成、幼稚園−保育所の統合などが、提示されるということです。
　反面、老齢基礎年金や障害者年金を合わせ、国民年金と統合運営されるようになる基礎年金と4大重症疾患の治療費全額国家負担、老人インプラント診療費軽減などの福祉公約は、財源の用意が簡単ではないだろうという展望がでており、規模を小さくするか、履行方法や時期を調整する方法などを提示するのかが注目されます。引き継ぎ委員会は、大統領選公約の210件の実行優先順位を定めた細部履行計画も発表する予定です。

Power Up

1. ① 李明博　② 金大中　③ 金鐘泌　④ 金泳三
2. ① 이라는　② 이에 따라　③ 미뤄지고 있다

> **問題文訳例**
> ① 「戦警」とは戦闘警察という意味だ。
> ② DNA鑑定の結果、犯人と被疑者のDNAは一致しなかった。これによって被疑者は釈放された。
> ③ 予算不足で政策の施行が先延ばしになっている。

3. ① 가자고, 가기로 했다　② 적었던 반면
4. ① 正式には2012年に発足した世宗特別自治市のことで、旧忠清南道燕岐郡と公州市の一部地域を中心に新しい行政都市としてつくられた。中央官庁を移転させた行政中心複合都市とされる。
② 北朝鮮寄りの立場を取った政治的な左派勢力のことである。左派とは一般的に平等な社会を目指して社会変革を支持する立場の人たちのことで、社会主義や共産主義に好感をもつ傾向がある。

SECTION2　　教育・学校

記事訳例

① 「入試のせい?」、高校生の体力・精神力がどん底

　学年があがるほど、心も体も成長するのが正常であるが、韓国の青少年は、必ずしもそうではないようです。高校生の体力や精神力が中学生よりも劣っているという研究結果がでました。

　「キョンジュ、起きなきゃダメよ。学校に行く時間よ」。朝早くからひとしきり言い争いが起こります。今年、高校生になったカン・キョンジュさん。よくイライラするようになり、寝ている時間もかなり増えました。朝食も抜かしがちです。

　カン・キョンジュさんの話を聞いてみましょう。

　「机からほとんど離れられません。学校から帰ってきたら塾にも行かなければならないし、塾から帰ってきたらお風呂に入って寝る、毎日、そんなだから……」。

　韓国教育開発院による調査の結果、高校生の学習指数は高かったが、身体と精神の指数はともに中学生より低いものでした。体力と栄養状態はもちろん、体格も中学生より劣り、精神面の健康や自主性、肯定的な自己イメージも高校生になると、むしろ下がることがわかりました。

② 自由学期制、試験的に実施－どのように運営されるのか?

　政府は、中学3年間のうちの1学期間、進路体験をする自由学期制を導入し、来学期から試験的に実施します。少し耳慣れない概念の自由学期制、多くの保護者の方も関心があるでしょうが、どのような教育が行われるのでしょうか。

　生徒がF－15戦闘機の操縦桿を握ります。ペダルとジョイスティックで飛行機の向きや速度を調節する飛行シミュレーション体験です。

　パク・ポムジュン(中学3年):「僕の夢はパイロットですが、実際に操縦してみたらおもしろくて、将来、本当に空軍に入りたいです」。

　中学生は自由学期制を通じて、このようにリアルな教育体験ができるようになります。

早速、来学期から42の学校で試験実施することになりますが、英国数の基本科目の授業も併行し、生きた実験、課題遂行など、生徒たちが普段経験できなかった授業方法がとられるのがポイントです。生徒が求める分野を自由学期制プログラムに入れるのもまた1つの特徴です。自由学期制は2016年、すべての中学校に拡大されます。

Power Up

1. ① 集中講座　② 補習授業　③ レベル別教育　④ 居残り教室
2. ① 꼭 그렇지만도 않다　② 실랑이가 벌어지기 일쑤다　③ 짜증이 많아졌다

> **問題文訳例**
> ① 性別によって才能が違うという主張は、一見正しいようだが、必ずしもそうではない。
> ② 離婚訴訟では、子供の養育権をめぐって、言い争いが起こりがちだ。
> ③ 息子は思春期になって、いらいらしやすくなった。

3. ① 좋을수록　② 이사해야 할 텐데
4. ① 大学受験当日に、時間に遅れた学生などを警察のパトカーや白バイが出動して滞りなく試験会場に送る行動を指す。試験当日は、飛行機の離発着まで試験に気を遣う状況で、社会全体が受験生を優先する風潮がある。
② 各家庭の所得格差が学校外教育にも影響を及ぼすことが問題となり、放課後に、塾で教わる学習内容を学校で居残って安価で学べるようにしたシステムのことである。

SECTION3　北朝鮮

記事訳例

① 国連安保理、北朝鮮の人権状況について初の協議

　国連安全保障理事会は、本日、ニューヨークの国連本部で非公式協議を開き、北朝鮮の人権侵害などを議論しました。

　安保理が北朝鮮の人権問題について議論するのは今回が初めてです。今日の協議でマイケル・カービー(Michael Kirby)前国連北朝鮮人権調査委員長は、今年2月にでてきた北朝鮮の人道に反する罪の実態調査の結果報告書について述べました。今日の協議で安保理理事国は北朝鮮の収容所を脱出した脱北者2名から、人権状況の実態と脱北過程などを聴取しました。

　理事国は、とくに北朝鮮政権の指導部を国際刑事裁判所に提訴しなければならないという人権報告書の勧告事項も議論しました。カービー前北朝鮮人権調査委員長は、北朝鮮の劣悪な人権状況を、これ以上容認できないとして、北朝鮮指導部の国際刑事裁判所への回付など、国際社会の介入が望まれると主張しました。

　今日の協議に安保理拒否権をもつ中国とロシアは欠席しました。

　国際司法裁判所への回付など、実質的な制裁措置はすべての常任理事国を含めた安保理決議が必要です。

② 北朝鮮の離散家族再会延期、一方的に通告

　北朝鮮が半月後に予定されている離散家族再会を延期すると一方的に発表しました。

　北朝鮮は、今日、祖国平和統一委員会（祖平統）報道官の声明を通じて、韓国政府が南北対話を同族対決に悪用していると述べ、対話と交渉が進められるムードが整うまで、離散家族再会事業を延期すると発表しました。

　祖平統は声明の中で、現在の南北対話は共同宣言を履行しようとする北朝鮮の努力によるものだとして、（韓国側による）朝鮮半島の信頼プロセスや原則にのっとった対北朝鮮政策の結果と主張するのは許しがたい冒瀆だと非

難しました。最近、正常軌道に乗りつつある南北関係が、あたかも韓国政府の対北朝鮮政策の原則論のおかげで可能になったかのように(韓国側が)言いたてたというのです。

　先月中旬、韓国政府と北朝鮮側は離散家族再会の対象者の最終名簿を交換し、今月25日から30日まで金剛山で再会行事を進める予定でしたが、再会の日を待ち焦がれていた離散家族に大きな衝撃と傷を残すことになりました。

Power Up

1. ① 平壌　② 羅津　③ 寧辺　④ 開城
2. ① 궤도로 올라가기　② 절실하다는　③ 원칙 있는

> **問題文訳例**
> ①開城工業団地が再稼働して3カ月過ぎたが、入居企業の生産が正常軌道に乗るまでさらに時間がかかりそうだ。
> ②中国で逮捕された脱北者が、北朝鮮に強制送還されるのを防ぐため、速やかな国連の介入が望まれるという指摘だ。
> ③原則に則った対北朝鮮政策と南北当局間の共同努力が必要だ。

3. ① 결렬되었다는 식으로　② 북한으로부터
4. ① 北朝鮮から韓国に亡命してきた脱北者の名称である。セト民のセは新しいという意味、トは土地という意味で、新しい土地にきた民という意味になる。ただし、近年では差別的なイメージが強くなり、「北韓離脱住民」という言い方を用いる。
② 2000年頃から、南北軍事境界線付近にある開城市郊外の経済特別区に設置された工業団地のことである。南北経済協力事業の1つとされ、北朝鮮が土地と労働力、韓国が資金と技術力を提供する。繊維・機械・金属・電子部品など100社を超えて操業した。

Mini Quiz01 (p32)

38度線「自由の橋(자유의다리)」付近の有刺鉄線

SECTION4　IT・ゲーム

記事訳例

① スマートカーで競争－未来のクルマ開発の韓国

　アメリカで開催中の電子博覧会の家電ショーに自動車業界が大挙して押し寄せるほど、自動車の概念が変わってきています。

　単純な「乗り物」から、徐々に最尖端の電子製品へと進化している未来カーの技術。韓国のレベルはどこまできたのか、みてみましょう。

　高速道路を爽快に走る自動車、「ただいまよりハンドルとペダルから手足を放します」。ドライバーの操作なしに自ら走行を始めます。別の車が割り込んできたら、自動的にスピードを緩め、前の車のすぐ後ろで急ブレーキもかけます。現代自動車が開発中の、この自動走行システム、4年以内の商品化を目標に安全性能試験を繰り返しています。

　アメリカで開催中の電子博覧会、韓国企業は先端IT技術と結びつけたスマートカー技術を大挙、披露しました。スマートウォッチで目的地をあらかじめ検索し、車に乗り込むとすぐに目的地に案内してくれます。

　しかし、物体との距離測定センサーなど、無人自動車に必要な主要部品はほとんどが輸入に依存している状況なので、自動車先進国に後れをとっているコア技術の開発が至急の課題です。

②「ゲーム中毒法」の発議－反発拡散、争点は?

　ゲームをアルコールや麻薬のように中毒物質と定め、政府レベルで治療や管理をしようというのが、いわゆる「ゲーム中毒法案」の趣旨です。

　ゲームをやめろと叱る母親を殺害した後、自ら命を絶った中学生、オンラインゲームで負けた腹いせにバイクに火をつけた学生まで、原因はみなゲーム中毒であることが確認されました。

　ゲームは有害物質なのか、議論が巻き起こる中、子供たちのゲーム中毒を懸念する一部の保護者団体は、おおむね法案に賛成するという立場です。

　デザイナーたちがキャラクターづくりを進めている、あるゲーム会社。ゲーム中毒法推進のニュースに働く意欲を失っていました。青少年のゲーム接続時間を制限するシャットダウン制のような規制制度があるのに、政府レベル

の規制ができるようにした今回の法案は、行きすぎだという主張です。
　何より大韓民国のコンテンツ輸出を牽引しているゲーム産業の発展を妨げかねないというのです。実際、昨年のゲーム産業の輸出規模は26億ドルで、韓流普及の立役者といわれるK-popより12倍も大きな規模なので、ゲーム会社は、法案反対運動をさらに拡大していく計画です。

Power Up

1. ① ツィッター　② ブログ　③ KOSDAQ(韓国の証券市場)
④ メッセージサービス（文字サービス）
2. ① 그만하라고 나무랐지만　② 선보인다　③ 가로막고 있다

> **問題文訳例**
> ① 兄は弟にもうやめろとたしなめたが、弟はゲームをやめなかった。
> ② グーグル、マイクロソフト、ソニー、ディズニー、サムスン、現代自動車など、世界的な企業が先端技術を披露している。
> ③ 政府の行きすぎた規制が、ウェブの発展を阻んでいるとネット企業らは主張する。

3. ① 못 하도록, 묻자　② 구분하라고
4. ① 移動通信各社が、死活をかけてシェアの維持・拡大するために、携帯電話端末の買い替えに対して起こした補助金競争が過熱した現象を指す。ときに端末機の値段以上の補助金が支払われるまでに至った。放送通信委員会からの禁止行為中止命令を履行しなかったとして移動通信各社に営業停止命令が下った。
② 医師が直に、インターネットなどの通信技術を用いて行う診療のことをいう。地方の過疎化進行と医師の都市集中化、IT技術の進歩という条件がそろったことが背景となっている。

SECTION5　環境

記事訳例

① 最先端の建物、ゼロエネに挑戦

　近年、設計段階から最終施工段階まで、省エネに力を入れた建物が続々と登場しています。

　この超高層ビルは、壁面全体が3500枚のソーラーパネルでつくられており、1時間当たり730KWの電力生産が可能で、ビルに必要な総エネルギーの4％、照明に必要な電力の66％を独自生産できます。

　韓国伝統家屋の軒からインスピレーションを得たという外壁の形態は、ビルの壁面のガラスがすべて15度に傾いており、室内に入ってくる日差しと紫外線の流入を最小限にとどめます。

　オフィスの中は、床空調システムが設置されており、冷暖房の風が床から人の背丈くらいまであがってきて、空調効果を高めることができます。このマンションは二酸化炭素(CO_2)ゼロを目標に、隅々まで100通り以上のエコ建築技術が適用されたグリーンビルディングです。

　屋上で太陽光を集めてそのままダクトにつなげて活用する自然照明、トリプルガラスで熱損失を最小化する窓、建物の外壁には断熱効果が高いスチール素材を使用し、暖房費の負担を減らしました。

② 朝鮮半島を覆った浮遊粒子状物質による健康被害のおそれ「深刻」

　中国から飛来する直径10㎛以下の浮遊粒子状物質がここ数日、全国の空を覆い、呼吸器の健康に対する市民の不安や危惧も高まっています。

　浮遊粒子状物質ではその毒性のみならず、粒子の大きさがもっと大きな問題となります。一般的に呼吸器を通じて、体内に入った埃は最初に鼻毛、次に気管支の線毛(毛)によって、取り除かれます。しかし、粒子状物質(直径10㎛以下)や微小粒子状物質(直径2.5㎛以下)の大きさは、それぞれ髪の毛の太さの7分の1、30分の1程度に過ぎないため、鼻毛や気管支によって、取り除かれずそのまま肺胞に付着する可能性が高いのです。また、このように一度肺に入った粒子状物質は、体外に排出されず、ずっと残ります。

　体内に蓄積された粒子状物質は鼻炎・中耳炎・気管支炎・喉頭炎・喘息な

どを誘発したり、悪化させたりします。また粒子状物質の毒性物質が毛細血管に流れ込むと、血液の粘度(粘り気の程度)が高くなり、血管を収縮させ、心血管系全体に影響を及ぼすこともあります。

Power Up

1. ① 再生エネルギー　② 生計型犯罪　③ 生物多様性　④ 生態系破壊
2. ① 공을 들여　② 영향을 줄 수 있는　③ 에 불과하다

> **問題文訳例**
> ① 会社の命運をかけ、莫大な資金を投入し、力をいれて開発した次世代電気自動車。
> ② 最近黄砂は、国民の健康や国家産業に影響を及ぼしうる環境問題として認識されている。
> ③ 目に見えるものは一部にすぎない。

3. ① 환경뿐 아니라　② 친환경 자동차
4. ① グリーン経済のことで、環境問題に伴うリスクと生態系の損失を軽減しながら、人間の生活の質を改善し社会の不平等を解消するための経済のあり方を指す。環境保全や資源の再利用を通じて急激な資源の枯渇を避け、将来的にも持続的に成長させる試みである。
② 京都議定書で定められた排出量取引のことで、国家ごとに温室効果ガスの排出枠を定めるが、すでに超えてしまった国家がまだ排出枠を超えていない国家から枠を買い取るかたちで少しでも世界全体の排出量を押さえる目的でつくられた取引のことである。

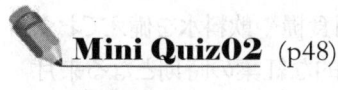

Mini Quiz02 (p48)

南山タワー

SECTION6　観光

記事訳例

① 氷からすくう感触「平昌マス祭り」

　平昌の五台川では、今が旬のマス釣りを楽しみにくる観光客が後をたちません。コチコチに凍った氷。厚さが30センチを超え、安心して釣りを楽しむことができます。腕よりももっと太いマスを釣りあげるおもしろさに大人も子供も関係なく大はしゃぎです。50年前、国内に入ってきたマスは平昌で初めて養殖が始まりました。

　1級水の清らかな水で育ったマス、初心者もたやすくつかまえられるよう、水と半々になる量の魚を放ちました。祭りで欠かせないのは素手によるマスのつかみどり。熱い熱気に寒さも忘れた人々がマスをつかまえようと一騒動です。釣りとはまた違った独特のおもしろさです。つかまえたマスはその場ですぐ味わうことができます。朱色の身の模様が松の木の板に似ていると付けられた名前、マス(松魚)。プリプリとしたマスの刺身と肉汁いっぱいの香ばしく焼いたマスに舌鼓を打ちます。平昌のマス祭りは来月2日まで続きます。

② 雪岳山の紅葉開始－来月中旬頃「ピーク」

　最近、気温がぐっと下がりましたね。雪岳山では紅葉が色づき始めました。標高1708mの雪岳山大青峰一帯、色とりどりに染まった紅葉が、山を頂から鮮やかに彩っています。真っ赤な紅葉は暖かな秋の日差しを一杯に受けて、その輝きを増しています。

　登山客はこの秋、初めての紅葉狩りを楽しんでいます。最近まで、雪岳山一帯の気温は平年よりも 2度ほど高かったのですが、今週に入って、朝の気温が 5度以下に下がり、平年通りの時期に紅葉が始まりました。雪岳山の紅葉は来月18日頃にピークを迎えるとみられています。

　紅葉シーズンや冬に備え、避難所ごとに非常用食糧や飲料水を備えておくなど、行楽客を迎える準備にも大忙しです。本格的な紅葉の時期となる来月から多ければ 1日 6～7万人ほどが雪岳山を訪れるものと予想されます。各地域の紅葉のピークは、中部地域と智異山が来月中旬の後半から下旬の間、南部地域は来月末から11月初めの間になる見込みです。

Power Up

1. ① 緑茶祭り(宝城ほか)　② イチゴ祭り(論山)　③ マッド(=泥)祭り(保寧)
   ④ ワカサギ祭り(麟蹄ほか)
2. ① 물든　② 많게는　③ 빼놓을 수 없는

> **問題文訳例**
> ① レンギョウやツツジで美しく彩られた智異山は春を楽しもうという人たちでいっぱいだ。
> ② 世界遺産の登録により、今年の訪問客は、多ければ年間1000万人以上になると予想される。
> ③ 今回の旅行で欠かせない楽しみといえば、花火大会とおいしい旬の料理を本場で味わえるという点だ。

3. ① 기여할 것으로 보인다　② 맞을 전망이다
4. ① 元は「家から大きな通りにでるための小さな路地」を指す済州島方言で、風よけのために石垣などで守られた小道であるが、近年では島の素朴で素敵な風景を象徴して、済州島のトレッキングコースの総称として用いられている。
   ② 孝道は親孝行を意味し、両親の日や還暦などに合わせて、育ててもらった両親に感謝の意味でプレゼントする観光旅行を指す。1980年代後半頃から盛んになり始めたが、今日では旅行自体が珍しくなくなり、老夫婦自ら旅行にでかける「シルバー観光(日本のフルムーンに相当)」も一般的である。

Mini Quiz03 (p56)

世宗(イラストは光化門前にある銅像)

SECTION7　健康・福祉

記事訳例

① 出生率がガクン、人口政策に赤信号

出生率の低い国といえば、ヨーロッパの国々が思い浮かんだものでしたが、今では韓国の女性の方が、イギリスやフランスの女性よりも子供を生まないことが明らかになりました。子供を産んだときには社会的な保護が必要ですが、育児問題も解決されず、一人、あちこちに奔走しなければならず、教育費もかなりかかるなど、さまざまな問題点があります。

出生率が急落する最も大きな理由は、職場で働く間、子供の面倒をみてくれる保育施設が少なく、学校外教育費を上手く工面できないからです。晩婚も増えています。

少子化はすでに社会の大きな流れとなりつつあります。そこで出産奨励金を与えたり、児童手当を増やしたりする出産奨励策はもはや大きな効果を期待しにくくなっています。少子化の悪影響を最小限に食い止める政策が総合的に講じられる必要があります。

少子化が続けば、現在70万人の軍人数が2008年頃には7万人程度不足すると予想されます。そうなれば、企業や研究機関などで勤務し、軍隊服務を代替する現行の「代替服務制度」も廃止されると思われます。

② 漢方薬局には甘草、台所にはタマネギ？

ダイエット、とくにお腹のぜい肉を取るのに関心の高い方々、タマネギに注目してください。

実験をしてみたところ、タマネギエキスをずっと摂取し続けた人々が、減量とコレステロール面でも効果があったとのことです。タマネギが肥満解消に大いに役立つそうです。タマネギは、抗がん作用はもちろん、血液をきれいにする抗酸化作用で高血圧、動脈硬化など、成人病の予防によいものとして知られています。

東医宝鑑にも「五臓の器、すべてに効き目がある」と記されているというタマネギ！「丸い不老草」と呼ばれているタマネギの効能を取材しました。タマネギには、体によい有効成分が100種以上含まれています。そのうち代表的なケルセチン(quercetin)という物質は、強力な抗酸化作用があり、血液をき

れいにする効能のおかげで高血圧や心筋梗塞を予防するほか、抗がん作用もあります。

　ケルセチンはリンゴよりタマネギに10倍以上多く含まれ、コレステロールなど、体内脂肪を分解し、ダイエットにも効果があります。

　健康のために、タマネギに親しむ習慣を持つのはどうでしょうか。

Power Up

1. ① 身土不二　② デング熱　③ 花粉症　④ はしか(麻疹/紅疫)
2. ① 것으로 보인다　② 피를 맑게 하는　③ 이리 뛰고 저리 뛰고

> **問題文訳例**
> ① 韓国で一人っ子の家が増えていて、今後韓国の兵役義務制度にも影響を及ぼすと見られる。
> ② 以前から健康によく気を遣う韓国人は、健康食品に関心が高い。とくに最近は、血をきれいにする食物としてタマネギが注目されている。
> ③ 忙しい様子を意味するあちこち走り回るという表現は、他の表現で「東奔西走」ともいう。

3. ① 해 봤더니　② 든다든지
4. ① 医師や漢方医が医療を行う施設であるが、医師、看護師以外に、社会福祉士や理学療法士がおり、老人を主な対象とするところが多い。そのことで老人ホームと病院が連携した施設となっている。
② 産後の肥立ちをケアするための施設で、出産後に母親と新生児を預かり、体が充分に回復するまでの数週間、そこで寝泊まりできるようになっている。核家族化が進んだことも関係しているが、母子ともに大切なケアを専門家に任せる意味合いがある。産婦人科病院に併設されているところもある。

Mini Quiz04 (p61)

紅蔘

Mini Quiz05 (p64)

チャンドクテ(写真は全州韓屋マウル)

SECTION8　経済

記事訳例

① 経済強調

　今年の年頭演説で、大統領が24回も「経済」に触れ、経済分野に重点を置きました。

　経済活性化のために、不要なすべての規制を緩和するといい、民間が投資に乗りだしてくれるよう注文しました。

　減少している企業による投資を再び増やそうとすれば、規制を外さなければならないというのが大統領の打ちだした処方です。

　内需経済の中核である投資活性化のため、さらに大胆に規制を改善し、このために分野別に規制数量を定める「規制総量制」を導入し、国会での立法を通じた迂回規制を防ぐというのです。

　福祉予算を大きく増やしたところ、政府投資である社会間接資本予算は最近3年間に6兆ウォン以上激減しました。財政投資の余力が落ちていく状況では民間が投資を増やすことだけが経済活性化の唯一の解決方法というのです。

　大統領は雇用を創出することも、海外市場を開拓し、「創造経済」を実現することも、結局は経済界に成否がかかっているといいました。大統領の規制改革と投資拡大要請に財界はこぞって歓迎するといい、企業経営しやすい環境をつくってくれるよう求めました。

② 今年、新興国通貨の大部分は下落傾向

　今年一年、主な新興国の通貨はほとんど下落しましたが、韓国・中国・メキシコの通貨だけ上昇したことが明らかになりました。

　金融投資業界やブルームバーグ（Bloomberg）によれば、世界の主要通貨の今年の対ドルのレート変動率を集計した結果、新興国のうち、韓国ウォン、中国元、メキシコ・ペソなど、3ヵ国の通貨だけが上昇し、3ヵ国を除いた残りの新興国の通貨は軒並み下落傾向をみせました。とくにモルガン・スタンレー（Morgan Stanley）が脆弱な5通貨（フラジャイル・ファイブ）に挙げるインド・ルピー、ブラジル・レアル、トルコ・リラ、南アフリカ共和国・ランド、インドネシア・ルピアなどは、すべて10％以上下落し、アルゼンチン・ペソもマイナス

23.49％と、集計の対象通貨のうち、もっとも大きな下落をみせました。
　これに反し、韓国と中国はしっかりとした経常収支、黒字基調で他の新興国と一線を画したという評価の中、アメリカから通貨切り上げの圧力を受けています。
　先進国のうちでは、アベノミクスで円安政策を推進する日本の円と、原材料市場の不振で経済低迷に苦しんでいるオーストラリアドルだけが二ケタ下落をみせました。

Power Up

1. ① ポンド(英国通貨)　② ドン(ベトナム通貨)　③ ルーブル(フランス通貨)　④ バーツ (タイ通貨)
2. ① 역점을 두고　② 규제를 풀어서　③ 성패가 달려 있다

> **問題文訳例**
> ① 農村では地域の状況にあった交通モデルの発掘に重点を置き、市内バスの通っていない地域を対象に25人乗りの小型バスを利用して成果をおさめている。
> ② 政府は不動産市場の貸出規制を緩和し、不動産市場を活性化させるとしている。
> ③ 最近効率的な人材の配置に事業の成否がかかっていると考える企業が増えている。

3. ① 중시하다 보니　② 예방하려면
4. ① 1997年12月3日、アジア通貨危機によって韓国経済が大打撃を受け、国際通貨基金(IMF)の支援を受ける事態になったことを指す。韓宝鉄鋼の倒産を皮切りに、連鎖倒産が相次いだことに始まる。国家の破綻を目前に、金融機関のリストラや外国資本の自由化を受け入れるなど大なたが振るわれ、失業者も大量にでるなど、大きな社会問題になった。
② 名誉退職のこと。1990年代終盤から韓国でも企業の業績悪化に伴う早期退職を奨励したが、その際に名誉退職と名づけた。韓国は一般的に退職年齢が日本よりも早く、四五停(45歳停年)ということばもできた。

SECTION9　衣食住

記事訳例

① 個性がポンポン! 変わり種キムパプ(海苔巻き)が勢揃い

　それぞれに豪華な具材と見た目を誇り、独特な個性で舌を魅了する変わり種キムパプをここで紹介します。

　食べ物がおいしいことで有名な全羅北道全州。夕方から集まってきた客で一杯になるこの店の看板メニューは練炭で直火焼きしたやや辛いコチュジャンプルコギ(焼肉)にサンチュ巻き、これに加えてもっとも重要なもの一つがさらに追加されます。サンチュの上にコチュジャンプルコギをのせ、その上にキムパプをのせ、一緒に包んで食べる、別名「キムパプ巻き」がこの店独特の珍味です。

　いろいろな種類のキムパプの中で、目を惹くメニューはキムパプ1本が1万5000ウォン、海苔の代わりに「金」でも巻いたのでしょうか。特別の戦略で勝利するというキムパプ専門店。いったいどのような秘密があるのかみてみると、まず、最高級の国産牛にエビ、イカが丸ごと入り、その上にも卵、ベーコン、ニンジン、ゴボウなど1本に入っている材料がなんと12種類! それだけでなくウェルビーイング時代に合わせ、食材は無農薬にこだわるのがこの店の原則といいます。高級食材で味と量、二兎をすべてつかまえるという戦略です。

　独特の個性で舌を魅了する変わり種キムパプ!　今後、どのような姿で私たちの目と舌を楽しませてくれるのか、キムパプの新たな変身にも期待します。

② コンビニエンスストアの一人暮らし向け商品が躍進

　今年、コンビニエンスストアでは、一人暮らし向けの調理済み食品と、今年初めて販売を始めた節約型の格安フォン、一部医薬品などの売上の上昇が目立ちました。

　コンビニエンスストアCUは今年に入り、11月までの商品別販売量順位をまとめた結果、「カップ入り氷」の売上が昨年より33.2%増え、この間、不動の1位を守ってきた「バナナミルク」を押しのけて1位を占めたことを明らかにしました。

　CUは、自社ブランド製品の売上が32.5%増えているなど、「節約商品」が上昇傾向を続けており、弁当(55.7%)・おにぎり(24.7%)、家庭向け調理済み

食品(32.5%)など、一人か、二人暮らし向けの調理済み食品の売上が大きく増加したと説明しました。今年から販売を始めた格安フォンも予約販売の2ヵ月間に初期販売予定量を売り尽くしました。GS25でも売上1位は「カップ入り氷」が占め、バナナミルクは3位に押しやられました。

　自社ブランドである「満面の笑み、澄んだ湧き水」の2リットル商品が「想定外2位」を占めました。セブンイレブン側は「思いもよらず2リットル入り大容量のミネラルウォーターとインスタント麺の需要が増加した」といい、一人暮らしが増え、伝統的に「大型スーパーマーケットで購入していたこれらの商品の需要がコンビニエンスストアに移ってきている状況」と分析しました。

Power Up

1. ① ワンルーム・テル　② 考試テル　③ リビング・テル　④ オフィス・テル
2. ① 입맛을 사로잡는　② 눈에 띄게　③ 늘어나서

> **問題文訳例**
> ① 噂の美味しい店は、何か人々の舌を魅了する秘訣があるようだ。
> ② この数年間に、IT産業は他の産業に比べ、著しく成長した。
> ③ 妹は結婚後、体重が増え、最近痩せるんだと一生懸命だ。

3. ① 많기로　② 에다가
4. ① 李明博政権が行った一般国民のための公共住宅、アパートに対する名称で、公共機関を通じて直接に供給することで、通常よりも少し安く一般分譲の他、長期賃貸も行う。ポグムチャリは巣、あるいは住み心地のよい場所を意味する。朴槿恵政権では幸福住宅というブランド名で国民のための住宅政策を行っている。
② ゴミ分別収集のことで、韓国では1993年に分別収集が始まったとされる。とくにソウルは人口が集中していることからゴミ問題も深刻で、飲食店に対してゴミの従量制を課すなど、ゴミ対策に取り組んできた。ゴミのリサイクルと最終処理をたやすくし、ゴミ処理場の負担を減らすために徹底して行われている。ゴミの処分場としては蘭芝島が有名であった。

Mini Quiz06 (p80)

韓定食 (写真はコチュジャンで有名な淳昌にある料理店のもの)

SECTION10　外交・国際

記事訳例

① 異例の2時間会談

　米韓首脳間の会談は通常の2倍である2時間の間、続けられました。

　オバマ大統領はPSYの「江南スタイル」を娘から習ったといい、韓流文化に対する関心も明らかにしました。

　首脳会談では、朴槿恵大統領側に体を傾け、傾聴するオバマ大統領の姿勢が目を引きました。朴大統領は「胸襟を開いてさまざまな共同の関心事について深く話し合った」と述べました。

　会談は、当初計画になかったホワイトハウスのローズガーデンの散策へと続き、朴大統領は、今日は空色のジャケットで正装をしました。同胞懇談会の時のアイボリーのチマチョゴリ、晩餐会の時の華やかな花柄のチマチョゴリといったように、行事の性格に合わせて衣装を替えました。

　オバマ大統領は、韓国文化に対する深い理解と親近感を表し、韓国の年で61歳で迎える還暦は長寿を記念する日だと聞いていると、米韓同盟60周年を意味づけもしました。朴大統領は銀でできた額縁と幸せを呼ぶ食器セットなどをオバマ大統領にプレゼントし、キムチを自分で漬けるというミシェル夫人には韓国料理の書籍を贈りました。

② 北朝鮮に「変わった言葉遣い」が拡散

　北朝鮮で携帯電話の使用人口が増え、暮らし向きも少しずつよくなり、住民の言語生活にも変化の風が吹いています。

　人間関係の上下の区別が曖昧な言葉遣いが流行するかと思えば、女性たちの間では携帯電話を受けるとき、「愛嬌」をふりまく言葉遣いまで広まっていることがわかりました。

　北朝鮮の季刊誌『文化語学習』に載せられた「平壌文化語の純潔性を堅く守っていこう」というタイトルの論文は、最近、北朝鮮の住民の言語生活に現れた「変わった要素」を根絶しなければならないと述べ、北朝鮮の一部の女性がバスの中や公共の場所で携帯電話を受けるとき、「ヨボショー(もしもし)」といい、「極めて異常に言葉尻を長くはねあげる」と指摘しました。

他人によく見せたり、可愛く思われたりしようとわざと愛嬌をふりまく、このような言葉遣いは、外柔内剛の朝鮮女性の高尚な精神美、美しい道徳的風貌とはほど遠いものと批判しました。しかし、北朝鮮の言語生活の変化は、北朝鮮で新世代が登場し、経済状態が上向いたことによる自然な結果という解釈もでています。

Power Up

1. ① 女家部(女性家族部)　② 保福部(保健福祉部)　③ 文体部(文化体育部)　④ 外通部(外交通商部)
2. ① 시선을 끌었다　② 흉금을 털어놓고　③ 거리가 먼

> **問題文訳例**
> ① アフガニスタンで初の民主的政権交代は、世界の視線を集めた。
> ② 日本の総理大臣がアメリカの大統領を、東京の小さなすし屋に招いたのは、胸襟を開いて話をする機会が必要だという理由からだった。
> ③ 調査によると、低所得層の税負担が大きいことが分かり、これは政府の「親庶民政策」とはほど遠いことが明らかになった。

3. ① 과 같이　② 더운가 하면, 시달리기도 한다
4. ① 朝鮮半島の南北統一は大きなチャンスだと朴槿恵大統領が語ったことに由来する。大舶論の結果、統一後の朝鮮半島の在り方を予想したり、提案したりする新聞記事が増えたとされる。

② 1人あたりの国民所得が2万ドル以上で、人口5000万人以上の国家グループのことで、2012年に韓国が7番目の国家として仲間入りした。20-50クラブの条件を満たしたことは、世界でトップクラスの経済大国を意味し、韓国ではニュースで大きく取り上げられた。

SECTION 11　スポーツ

記事訳例

① 韓国サッカー「ゴール決定力」不足

　昨日開かれたサッカー・ワールドカップの予選で韓国代表チームは長身のフォワードを前面に立て、ウズベキスタンにプレッシャーをかけたが、相手のゴールはなかなか割れず、むしろ危機に立たされもしました。0-0の均衡は意外なゴールで破られました。

　ミッドフィルダーの金選手のクロスをフォワードの李選手が押し込んだものと思われたのですが、確認したところ、ウズベキスタン選手のオウンゴールでした。このオウンゴールがなかったら、韓国サッカーはワールドカップ開幕を1年後に控えて、8回連続本戦進出に暗雲が垂れ込めるところでした。

　韓国は現在、Aグループの先頭を走っており、イランが2位に躍りだし、現在のところ、この2チームが本戦に直行する可能性が高いです。18日のイランとの直接対決で韓国は引き分けてもグループ1位で本戦に進出でき、イランに負けてもウズベキスタンがカタールに負けるか引き分ければ、グループ2位で本戦に自力で出場できます。しかし、韓国がイランに多数のゴールを許して負け、ウズベキスタンが多得点差で勝てば、得失点差で3位に下がることもあります。最後まで油断できない理由です。

②「大関嶺雪祭り」開幕

　全国一番の冬の祭りである「大関嶺雪祭り」が1月、冬季オリンピック開催地である江原道平昌で開かれます。

　実行委員会は、「世界の人々の祭典、2018平昌冬季オリンピックの開催成功を願う雪国の夢」をテーマにさまざまなイベントを設けたと発表しました。南大門、自由の女神像、凱旋門など、世界の有名な建築物を雪で彫刻して展示し、オリンピックゾーンにはエンブレムやオリンピック種目を大型レリーフで彫刻、展示し、アイアンマンなど、映画のキャラクターも雪の彫刻で再現する予定です。

　祭りは3日の万雪祭を皮切りに伝統狩猟遊びなど、地域の伝統文化や祝賀公演で華やかに開幕し、「真冬ハダカマラソン大会」が開かれます。近隣地

域では、そり、スノーボブスレー、コマまわしなど、子供のための遊び体験が準備され、伝統料理コーナーでは、手づくり豆腐やその粉チヂミ、スケトウダラ料理など、平昌の料理が味わえます。

　祭りの期間、羊の群れ牧場をはじめ、レジャースポーツ体験やスケトウダラ体験村を運営し、家族連れの観光客がわくわくするような体験を楽しめるようにする計画です。

Power Up

1. ① フィギィアスケート　② 新体操(リズム体操)　③ 重量挙げ(力道)
④ アーチェリー(洋弓)
2. ① 개막을 앞두고　② 신바람 나서　③ 먹구름이 드리우고

> **問題文訳例**
> ① サッカー・ワールドカップの開幕を控え、開催国は訪問客を迎える準備に余念がない。
> ② ファンたちの期待通りに試合が進むと、観戦客らは興に入って応援した。
> ③ 最近、国家代表選手たちの負傷が相次ぎ、本戦進出に暗雲が垂れ込めている。

3. ① 막지 못했더라면, 놓칠 뻔했다　② 를 비롯해
4. ① 1988年にソウルで開かれた第24回夏季オリンピックのことである。88(パルパル)は当時の流行語ともなり、高速道路・人気タバコ銘柄から個人商店や医院、集まりの名称に至るまで、広く用いられた。「世界はソウルに、ソウルは世界に」が合い言葉となった。
② 韓国サッカー代表チーム、あるいはその応援団のことで、2002年の日韓ワールドカップ開催頃から注目を集めた。代表のユニフォームが赤色であることにちなみ、公式的には1997年から応援団がこの名称を用いた。世界的には、ベルギーのサッカー代表やマンチェスター・ユナイテッドなどが赤い悪魔として知られている。

SECTION12　多文化

記事訳例

① 10歳「アキ」にとって韓国は?

　今年、10歳になるバングラデシュ出身のアキ(仮名)。外国人労働者の父について韓国にきて小学校に入学したが、慣れない環境で何かを学ぶというのは容易でありません。このような子どもたちが韓国社会の一員として溶け込めるようにすること。それが「多文化教育」です。

　多文化教育の目指すところは、子供たちがもっている文化や言語による特性を活かしつつ、韓国社会にうまく適応できるようにしてあげることだといえます。しかし、私たちが多文化教育だといって試みているさまざまなプログラムは、厳密に言えば「韓国化教育」であるケースがほとんどです。

　外見も考え方も食べるものも異なる子供たち。多様であることが当然の子どもたちを画一化するような教育に対する反省は、教育現場でも出てきており、よりよい教育方法を探すための努力は続いています。国際結婚家庭の生徒のために人材を投入し、予算をかけなければなりません。国際結婚家庭の子女の競争力、そしてその子どもがもたらす多様性が国家競争力に直結するといっても過言ではありません。

② 2040年の韓国社会、移民政策によって明暗がくっきりと

　人口減少による労働力の空白を埋める、外国人労働者を積極的に大量誘致する開放的な移民政策と、海外の優秀な人材に対する選別的移民政策のうち、未来学者は後者に軍配をあげました。

　最初のシナリオは、開放的な移民政策を通じ、高齢化に伴う労働力減少が防げるが、低賃金労働力の流入で国内労働者の失業率が上がり、中産階級が崩壊するという暗い展望を示します。外国人が大勢入って来ることで、国内の低所得層と仕事を奪い合い、既存の低所得層労働者の賃金が下がり、これによって貧富格差が拡大するということです。

　2つ目は、人口は減るが、海外の高度人材の誘致と企業の生産性向上の努力により、豊かで快適な社会が続くというシナリオです。

　政府は2015年から高度人材中心の選別的移民政策を展開し始めます。技

術進歩による労働生産性の上昇によって労働分配率が向上し、労働者の賃金が大きく上がります。また長時間労働から解放され、人々はより多くの余暇時間を持ち、豊かな人生が楽しめます。

Power Up

1. ① 外国人労働者(外国人勤労者)　② 不法滞在者(不法滞留者)　③ セト民　④ 被災者(罹災民)
2. ① 엄밀히 따져 보면　② 맞는 듯하다　③ 감소를 막기 위해

> **問題文訳例**
> ①年齢が近いのでお姉さんと呼んでいるが、厳密にいえば叔母さんに当たる。
> ②味が淡白で唐辛子をよく使うベトナム料理は、韓国人の口に合うようだ。
> ③出生率の低下を防ぐため、子供の養育費を支援することにした。

3. ① 세울 수밖에 없는　② 고 해도 과언이 아니다
4. ① 国際結婚が増加したことで、子女の韓国語能力が十分でなかったり、社会適応が難しかったりするような現象がみられた。そこで多民族的な状況を肯定的に受け入れ、国際結婚家庭の子女が韓国社会に溶け込みやすい環境づくりのため、国家青少年委員会の支援を受けて設立されたセンターのことである。
② 多文化家庭、すなわち国際結婚家庭に起こりがちな問題解決のために設けられた相談員・カウンセラーのことである。国家資格となっており、各国から嫁いできた女性やその子女が抱える言語問題や経済問題を把握し、社会生活に適応できるように支援する役割を持つ。

Mini Quiz07 (p101)

安山市外国人住民センター(京畿道安山市)

SECTION 13　文化・芸術

記事訳例

① 「キムジャン文化」は人類の無形文化遺産

　キムジャン文化がユネスコの人類無形文化遺産として登録されました。韓国の伝統的な食文化が、人類が守り、保存していくべき遺産として認められたのです。ユネスコは、世代を超えて伝わってきたキムジャンが隣同士での分かち合いの精神を実践する文化と評価しました。

　キムジャンの起源といえる、冬を前に野菜を塩に漬けて貯蔵した風習は三国時代からありました。以後、朝鮮時代のキムジャンは、年間の重要な行事となり、朝鮮後期に至り、今日のように丸ごとの白菜を利用したキムジャンキムチが登場しました。朝鮮民族がキムジャンをしてきた歴史は短く見積もっても千年にはなるわけです。

　キムチが指定されれば、韓国は既存のアリランやパンソリなど、全部で16の人類の無形文化遺産を保有することになります。キムチが国内では中国産に押され、海外では日本の「きむち」に苦戦を強いられただけに、その意味も格別です。キムジャン文化の登録で韓国のキムチが国際的な食品ブランドとしての地位を確固たるものにできると期待されます。

② 戦争中にもアリランは

　民族の喜怒哀楽と共に伝えられてきたアリラン。

　朝鮮戦争の砲火の中でも、アリランは鳴り響いてきました。当時、軍楽隊でも演奏されたことを示す楽譜が公開されました。1953年7月27日、国連軍と北朝鮮側の代表が出席した停戦協定の場。双方が同時に演奏した曲はまさにアリランでした。参戦した外国の軍人が今も記憶しているほど、アリランは戦争真っただ中の韓国のイメージそのものでした。そのようなアリランを戦争中にも軍楽隊が演奏するために用いた楽譜がみつかりました。

　5枚の楽譜にはピッコロ、クラリネットなど、国軍第7師団軍楽隊のパート別のメロディが表示されています。一部分のみが残され、全体的な曲の雰囲気を知るのは難しいのですが、戦争中にもアリランはさまざまに編曲され、演奏されたものと推測されます。生死を分かつ戦場にも、心を慰めてくれた民

族の歌、アリランがありました。

> **Power Up**

1. ① 伽倻琴　② 大琴　③ 奚琴　④ オルガン(風琴)
2. ① 계기로　② 동시에　③ 앞두고

問題文訳例
① このプロジェクトをきっかけに、多くの人が農村の地域文化に対する関心を持つようになった。
② 仁川国際空港のターミナルに、伝統家屋を見て、同時に伝統文化を体験できる空間が設けられた。
③ 重要な国際会議を控え、関係省庁の責任者たちは徹夜をしながら準備に追われている。

---

3. ① 셈이다　② 더웠던 만큼
4. ① 韓国における世界文化遺産は1995年に仏国寺・石窟庵や海印寺の大蔵経板殿、宗廟が登録されたのを皮切りに水原華城、慶州歴史遺産地区、朝鮮王陵、河回・良洞の歴史村落、南漢山城などが登録されている。そのほか、無形文化遺産、世界記憶遺産にも積極的に登録を進めている。
② 狭義では1978年に金徳洙が4種類の打楽器を始めた音楽形態、あるいは音楽チームのことである。リズムを奏でる伝統芸能である農楽(風物)をもととし、それぞれに雷、風、雲、雨の意味を持たせた4つの楽器、ケンガリ(鉦)、チン(銅鑼)、プク(太鼓)、チャンゴ(杖鼓)を使用する。今日では、民俗芸能と思われるほど、国内外によく知られるようになった。

Mini Quiz08 (p112)

黄金(写真は황금돼지〈黄金豚〉の貯金箱)

SECTION 14　社会問題

記事訳例

① 悪質なデマを徹底に追跡しなければ

　事実に基づいていない悪質なデマが韓国社会をむしばんでいます。

　最近、巻き起こったいわゆるタレントの売春事件も同様です。名前を聞けばすぐわかる有名タレントが関わっているという噂が広まり、当事者が悔しさを訴え、最初のデマ流出者を処罰してくれと捜査を要請する事件が起こりました。捜査の結果は当初の噂とは、まったく異なりました。よく知られた女性タレントも有名な企業家もいませんでした。大衆のいたずらな好奇心に加え、確認もされていない筋書きが織りまぜられ、まったく関係のない人々の身の上話があることないこと流され、これに惑わされた大衆は集団的覗き見症に陥ってしまいました。

　節度のない好奇心は、他人や社会に対し、殺人に劣らぬ大きな害を及ぼし得ます。当事者の名誉を踏みにじり、覗き見症を刺激し、健全な道徳や教養に害を及ぼします。司法当局は悪質なデマを厳正に処罰し、名誉が毀損されるような被害が二度とないようにすべきです。

② 内申・大学入試の点数もみて－軍入隊「狭き門」

　軍への入隊も「狭き門」になりました。人気の部隊(兵科)は内申成績や大学入試の点数がよくてはじめて入隊できるほど、競争が熾烈です。経済的な困難や就職難で入隊志願者が急増したからです。

　大学1年生に在学中の金さん(21)は、経済的に苦しい両親のため学費の負担を減らそうと後期の履修登録をあきらめて休学し、陸軍の募集兵に志願しましたが、兵務庁から、入隊予定者が多数つかえているので、入隊するにはしばらく待たなければならないという通知を受けました。金さんはしかたなくアルバイトをしながら、入隊の時を待っています。

　金さんのように、軍に行きたくても行けない志願者がだんだんと増えています。忠清北道地方兵務庁によれば、今年1月から9月までに入隊志願者数は1万2,234名に達し、昨年同期より40%(8,714名)ほど増加しました。しかし、

このうち実際に入隊した数は3,593名にすぎません。競争率は実に4倍に達しています。

Power Up

1. ① キロギアッパ(雁のお父さん)　② ペンギンアッパ(ペンギンのお父さん)
   ③ カンガルー族　④ チマパラム
2. ① 멍들게 하는　② 못지 않게　③ 해를 끼치는

> **問題文訳例**
> ① 子供たちを傷つける校内暴力は、いじめやサイバー暴力といったように、だんだんと執拗化、陰湿化している。
> ② 犯罪の発生を最小限にくい止めるには、治安のためのインフラ拡充に劣らず、社会文化的風土と国民の意識改善が必要だ。
> ③ 児童福祉法第17条は「児童の精神の健康および発達に害を及ぼす精神的虐待行為」を行わないよう規定している。

3. ① 기대할 만하다　② 흘렸으나
4. ① いわゆる勝ち組(甲)と負け組(乙)につながる考え方で、甲は相手に影響力をもつ存在であり、乙はそれに屈する存在である。問題となるのは、甲がその立場や地位を利用して、社会や乙に対して横暴な振る舞いにでることである。大企業の横暴に対しても、同じ脈絡でみられることが多い。
② フランス語(noblesse oblige:ノブレス・オブリージュ)からきており、意味としては「高貴さに伴う義務」で、貴族など一定の地位にある者こそ私財で社会的貢献を行うべきという考え方である。現代韓国でもよくみかけられる「小を以て大に事え、大を以て小に事える」という事大主義にもつながる考えといえる。韓国社会ではテレビにみられる電話寄付など、寄付が身近なところに多くみられる。

Mini Quiz09 (p120)

南大門

SECTION15　若者

記事訳例

① 「オンチャン(美尻)」に「マルボッチ(馬もも)」まで－体に関する新語の「洪水」

　最近、流行していることばのうち、とりわけ体の一部分をものになぞらえた言葉が多くあります。「クルボッチ(蜜もも)」に続いて「マルボッチ」ということばが登場したかと思えば、「オルチャン(イケメン/美人)」、「オンチャン」などもよく使われています。外見を重視する社会的風潮といえ、体型ばかりをさらしすぎてみていられないという声も聞こえてきます。あるテレビ番組で体操のお手本を見せ有名になった朴知恩教授は、お尻が格好よいので「美尻教授」としてネットユーザーの間で急速に広がりました。

　体を比喩したことばはこれだけでありません。スケートのスター選手のような、たくましい太ももを示す「マルボッチ」、板チョコのようによく鍛えられた腹筋を意味する「チョコレート腹筋」、バランスのとれた骨盤を象徴する「黄金の骨盤」など、いろいろなことばが生まれました。

　「モムチャン(ナイスバディ)」から一歩進んで、体の部位別にあからさまに描写するのが最近の流行語の特徴です。身体も一つの競争力となり、体の一部をあらわにすることも日常茶飯事になっている中、芸能界を中心に「ボディーマーケティング」まで広まり、身体にまつわる新語が氾濫しています。

② 「韓国のカレンダーは恋人の記念日で一杯」

　ロイター通信が2日、ソウル発の記事で、韓国はバレンタインデー以外にも、毎月恋人同士で素通りできない、あれやこれやの記念日が、多い国だと紹介しました。

　ロイター通信は恋人にダイアリーを贈るダイアリーデー、バレンタインデー、ホワイトデー、恋人のいない男女が会ってジャージャー麺を食べるブラックデーなどが、すでに広く知られていると紹介しました。続いて、その他にも恋人同士で緑色の服を着て林を散策するグリーンデー、銀製品を交換するシルバーデーなど、毎月記念日があり、細長い菓子を交換するペペロデーもあると伝えています。加えて、初めて出会った日や、初デートから日数ごとに、100日、200日、300日、1000日目を記念します。

その結果、Eメールや携帯メッセージを通じて、記念日を前もって知らせてくれるインターネットサイトまでできたと報道しました。記念日や特別な日が、1年に21日に達するとして、企業が売上増加に刺激され、愛情と商品を結びつけて売上を上げる方法を模索しているという分析もしています。

Power Up

1. ① 李太白＝二太白　② 三八線　③ 沙悟浄＝四五停　④ 五六島＝五六盗
2. ① 널리 알려졌다　② 이라지만　③ 한발 더 나아가

> **問題文訳例**
> ① その小さな山間の村から、国会議員に続いて大統領まで誕生したので、全国的に広く知れ渡った。
> ② 就職難だと言われているが、中小企業では人手不足が深刻だ。
> ③ 実技中心の教育から一歩進んで現場体験学習を加えることにした。

3. ① 말고도　② 라지만
4. ① 軍人生活が過酷と聞かされたり、時間の浪費と捉えたりするほか、平和主義や宗教上の信条などを理由に、医師に偽の診断書を書いてもらったり、自分で故意に体を損傷したりして兵役に就かない兵役逃れのことである。近年、軍隊内でいじめや銃乱射事件が連続して起きたことから、徴兵制をめぐる議論と合わせて兵役逃れに関する議論が韓国内で活発化している。
② 韓国におけるワーキングプアの一形態といえ、1970年代後半から1980年代半ばに生まれ、多感な時期にアジア通貨危機を経験した世代を指す。多くは大学卒業後も正社員になれず、この世代の平均月収が88万ウォン程度にしかならないとして名づけられた。マネートゥデーニュース（2014年9月25日付）によれば、大卒の公務員の平均月収は約266万ウォンである。

Mini Quiz10 (p128)

明洞聖堂

SECTION16　天気・災害

記事訳例

① 福島県沖、M7.1の強震－台風まで

　大震災が起きた福島県沖で今日未明、強い地震がまた発生しました。

　福島県郡山市では、強い揺れが1分以上、続きました。今日、深夜2時10分に発生した地震は、福島県から東方290km地点の海底で起き、M7.1でした。東日本大震災の震源地に近い場所です。東北地方で震度4、東京でも震度3の大きな揺れが感じられました。

　沿岸では津波注意報が発令されたことで、震源地に近い福島原発でも非常事態になりました。津波注意報に原発作業員たちが緊急避難をしました。

　泣き面に蜂、台風27号の影響で、100mm以上の豪雨となり、タンク周辺に汚染水があふれ、緊急放出させました。台風によって関東地方を中心に住宅も浸水し、橋が崩れるなどの被害がでました。

② 猛暑特別注意報、中部地方に拡大－所々で夕立

　一晩中、南部地域のみならず、中部地域の所々で熱帯夜現象がみられました。昨夜、全国的に夜通し気温が25度を上回り、眠れない夜が続きました。

　今日も大邱35度など、南部地域は35度前後まで上昇し、ソウルや鉄原も32度まで上がり、昨日よりも少し暑いでしょう。嶺南地域には猛暑警報、ソウルと江原、嶺西の一部を除いた全国のほとんどの地域に猛暑注意報が発令中です。

　この先、猛暑の勢いは更に強まるものと予想されます。とくに梅雨が明けた後、北太平洋高気圧が拡張する過程で大気が非常に不安定になるため、激しい夕立が降るところが増えます。

　気象庁は今日も、内陸地域には1時間に30mm以上の強い夕立が降り、雷が鳴って突風が吹くところがあるとして、山間の渓谷を訪れる避暑客に注意を呼びかけました。

Power Up

1. ① ゲリラ豪雨(ゲリラ暴雨)　② 雪崩(-沙汰)　③ 暴風波浪(暴風海溢)
④ 口蹄疫
2. ① 엎친 데 덮친 격으로　② 비상이 걸렸다　③ 소나기가 쏟아지고 있다

> **問題文訳例**
> ① 前の台風で屋根が飛ばされ、窓ガラスが割れたのもまだ修理中なのに、泣きっ面に蜂で、また雨が降るとは心配が先立ってしまう。
> ② 早春の冷害で、カキの木が非常事態だ。花も咲かず、今年の収穫は完全にアウトだ。
> ③ 窓を開けて見たら、空が真っ黒で夕立が降っている。雨がやむまで待つ方がよさそうだ。

3. ① 나는 바람에　② 큰 탓으로
4. ① 主に石灰岩質の地層で雨水などの浸食が進行し、突然に地面が陥没してできる大空洞のことである。ただし、都市の場合、地下水の大量摂取や地下工事による土砂の搬出、それにともなう地下水流入による浸食などが原因となる。
② 韓国における民間防衛組織である。国民の生命や財産を保護するために政府の指導下に住民が履行しなければならない防災、救助、復旧および軍事作成上に必要な労働力資源などを確保する必要があり、またいつでも兵隊の増員ができるように考えられたシステムである。

Mini Quiz11 (p136)
国会議事堂

SECTION16　天気・災害　33

SECTION17　歴史

記事訳例

① 中国、「白頭山採火」－何をねらっているのか

　民族の発祥地、白頭山の天池。中国はここで冬季アジア競技大会の聖火採火式を開きました。白頭山が豆満江と鴨緑江の水源地で、関東文化(満州文化)が始まる場所といい、採火の意味づけをしました。

　中国は冬季オリンピックを白頭山で開催するといって、周辺には空港建設も推進しています。公式的には開発の遅れた地域の経済発展を掲げていますが、ユネスコに白頭山の世界遺産登録を申請するなど、韓国の白頭山ではなく中国の長白山として釘を刺そうという広報戦略をあらわにしたのではないかと見られています。また、高句麗だけでなく、白頭山全体を中国史の一部に吸収し、間島(中国吉林省東南部地域)の領有権も確かにしようという東北工程の一環として解釈されています。

　歴史研究から始まった中国の東北工程は、もはや未来に備える具体的な戦略としてどんどん現実化している様子です。

② 朴大統領「北東アジア共同歴史教科書を刊行しよう」

　朴槿恵大統領が日中韓共同歴史教科書の刊行を提案しました。

　朴大統領は今日、国立外交院設立50周年記念国際学術大会開会式に出席し、北東アジアの平和協力のため、域内諸国は北東アジアの未来に対する認識を共有すべきだとして、このように明らかにしました。

　朴大統領はドイツとフランス、ドイツとポーランドが行ったように、北東アジア共同の歴史教科書を刊行することで、協力と対話の慣行を積み重ねていけるであろうと強調しました。

　朴大統領は潜在的な危機的状況を克服し、北東アジアを信頼と協力の場としていかなければならないとし、北東アジアの平和協力構想を通じて、取り組みやすい課題から始め、対話と協力を蓄積していけば、敏感な事案も議論できるときがくると強調しました。そして、この時代に成し遂げようとする

夢は、北東アジアの平和協力地帯をつくり、ユーラシアと太平洋地域の連携協力をなすことだといい、アジア太平洋経済協力(APEC)やアジア欧州会合(ASEM)とも連携して、新たな経済協力の構図を創りだせると述べました。

Power Up

1. ① 済州島4·3事件(1948年)　② 4月革命(1960年)　③ 光州事件 (1980年)　④ 朝鮮戦争(1950年)
2. ① 의미를 부여했다　② 못을 박았다　③ 풀이된다

> 問題文訳例
> ① 今回の首脳会談は、南北関係を新たに意味づけた。
> ② この作業は、今日中に終わらせなければならないと、初めにくぎを刺した。
> ③ 北朝鮮の態度の急変は、交渉を有利に進めようという思惑と解釈される。

3. ① 표절한 게 아니냐는　② 열고자 하는
4. ① 檀君とは、古朝鮮を建国した朝鮮の祖とされる人物で、名を王倹という。檀君の父は天帝の子である桓雄、母は桓雄によって人間にしてもらえた熊女というが、1908歳まで生き、山神となるなど、神話的要素が高いとされている。朝鮮半島に独自性や固有性が叫ばれる時代には、神格化され、必ず崇められてきた。
② 漢江の奇跡とは、朝鮮戦争後の荒廃した状況から、朴正熙政権下、1960〜70年代にみられた韓国の急激な高度経済成長期のことをいう。戦後西ドイツの劇的な復興を「ライン川の奇跡」と呼ぶのになぞらえてつけられた。

Mini Quiz12 (p143)

李舜臣(原画の写真は光化門前)

SECTION18　芸能

記事訳例

① パパ・軍隊・おじいさん、芸能界の流れ

　「パパ」、「軍隊」、「おじいさん」は、今年の大衆文化のキーワードに浮上しました。今年初めからMBC「日曜の夜」の1つのコーナーとして放送された「パパ、どこ行くの?」は子どもたちの無邪気な姿に加え、育児に不慣れな父親が子どもと次第に通じ合っていく様子が、視聴者の心を温め、広く人気を集めました。他局の「スーパーマンが帰ってきた」、「オー!マイベイビー」など育児ネタを盛り込んだバラエティ番組も注目されました。

　軍隊をネタにしたシットコムのtvN「青い巨塔」が注目されたのに続いて、芸能人の兵役体験を盛り込んだMBC「日曜の夜：チンチャサナイ～男の中の男」は男たちが体当たりで友情を分かち合うストーリーで人気を集めました。

　tvNの「花よりおじいさん」は、これまで主にアイドルや若手俳優、売れっこお笑いタレントが独占していたバラエティ番組に、年配の俳優を出演させる逆転の発想で放送界に革命を引き起こしました。穏やかで厳格なイメージばかり強かった高齢の俳優が、バックパック旅行をしながら見せる天真爛漫な姿は、視聴者を楽しませてくれました。

②「私たちは余剰人間」、レンズに込められた若者たちの痛み

　働き口がなく、インターネットやゲームなどで青春を送る若者たち、自らを「余剰人間(あぶれた人間)」と呼びます。この世代の痛みと挫折、彼らなりの答えまで盛り込んだ映画が注目を集めています。

　部屋にこもって一日中ゲームばかりして過ごしているような若者たち。何を、どうすればいいのかわからない彼らは、自らを「落ちこぼれ」とあざ笑います。果たして出口はないのだろうか。大学を中退して映画を志す者4人が80万ウォンをもって、ヨーロッパに旅立ちました。彼らの無謀な挑戦は冷酷な現実の前に揺れ動きますが、度胸で難関を切り抜けていくこと1年、カメラはその成功までの道のりを余すところなく捉えています。

　インターネットゲームで存在感を求めていた若者失業者テシク、ある日、路上で襲われた後、自分探しを始めます。傷ついた若者たちが集まって開業し

たハンバーガーショップ、彼らの夢を悪用する人々によって試練に遭いながらも、最後まで望みのつなを手放しません。

　冷酷な生存競争の時代、その中で壊れ、崩れ、倒れても、若者たちは希望を失わずにいることを、映画はつぶさに映しだしています。

Power Up

1. ① オッパ部隊　② おじさん部隊　③ ゴム靴部隊　④ アジュンマ(おばさん)部隊
2. ① 난관을 헤치고　② 눈길을 끌었다　③ 오롯이 담아내는

> **問題文訳例**
> ① 熾烈な競争の難関を突破し、トップスターとなった。
> ② たくさんの人がいたのに、その子はとくに目を引いた。
> ③ 隣人同士の愛情ストーリーをあますところなく収めたドキュメンタリーが撮りたい。

3. ① 매일 보다시피 했더니　② 이라(고)
4. ① 芸能兵士とは、もともと芸能活動をしていたタレントが兵役で入隊する際、主に慰問のための芸能活動を行って兵役期間の服務に代える制度であった。ただし、通常の兵士よりも特権が認められたにもかかわらず、不祥事が相次いだため、現在は廃止となっている。
② 無理な設定のドラマのことで、普段の生活では起こりえない非現実的なことが起きたり、刺激的な状況や事柄が同時多発的に起きたりするドラマを指す。不倫や血縁同士の恋愛、不治の病、身分を超えた恋愛などが偶然に重なるなど、無理があるストーリーが展開される。

Mini Quiz13 (p152)

北村韓屋マウル(原画の写真は同地区のある家屋)